FOCAL POINT

BRIAN TRACY

大切なこと だけ やりなさい

ブライアン・トレーシー［著］
本田直之［監訳］　片山奈緒美［訳］

Discover
ディスカヴァー

監訳者のことば

人生を上昇気流にのせる決定的1冊

レバレッジコンサルティング代表取締役社長兼CEO
本田直之

本書の原書『Focal Point』を最初に手に取ったのは、わたし自身が非常に困難な状況にある時期でした。当時経営していた会社の業績が芳しくなく「なんとかしなきゃ」という状況にあったのです。

そんなときに、本書を見つけて「すごいな!」「おもしろいな!」と夢中になって読みました。そして、ペンをもって、本書が投げかける質問に対して、自分なりの答えを出しながらどんどん読み進んでいきました。

本書を読み終えたときには、わたし自身の向かうべき方向、やるべきことがクリアに見えるようになっていました。その結果、その後会社の業績も無事回復、さらに大きな上昇気流に乗せることができたのです。

その後も、なんども本書を読み返しています。最初に読んだときから、ずっと実践していることもたくさんありますし、読み返すたびに「これやってみよう！」「こうしよう！」というような新たな気づきと発見のある本です。

本書を一人でも多くの人に役立ててほしい！

「このすばらしい本をぜひ多くの人に役立ててもらいたい！」そんな想いから、これまでわたしは本書のサマリーを作って、多くの友人・知人たちにシェアしてきました。

本書は日本語の翻訳も出版されていたのですが、残念ながら日本ではあまり知られることなく絶版になっていました。

「なんとか僕の手で日本語版を復活させたい！」

そうした想いから、元々の出版社にかけあって版権を手放してもらい、２００９年にディスカヴァーからの出版にこぎつけることができました。そしてこのたび、新装版としてふたたび世に送り出すにいたりました。

こうして本書を再翻訳・再編集版として、日本の読者の方々にお届けできたことは、本当にうれしく、多くの方に読んでいただけたら、これ以上の喜びはありません。

厳しい時代に「がんばる」だけでは マイナスのスパイラルから抜け出せない

現代人は、とても忙しい。

やらなきゃいけないことも、やりたいこともたくさんある。

でも、すべてをこなしきれずにストレスを抱えていつも疲れている。

運動不足で体調も良くない。

なんとか脱出しようとがんばろうと思うのだけれど、マイナスの堂々巡りの中で、なんとなく日々流されてしまっている……。


今、こういった人はとても多いのではないでしょうか。

特に、昨今のように景気が悪くなると、こうしたマイナスのスパイラルはさらに悪化します。そうなると、なおさら「どうしていいかわからない」「どんどん流されていってしまう」という悩みを多くの人が抱えているのではないかと思います。

なぜ、がんばっているのに悪循環から抜け出せないのでしょうか。その背景には、やはり「時代が変わった」ということがあります。

まさに本書で指摘されていることですが、「収入を増やすには仕事量や労働時間を増やすしかない」というのが過去の工業化社会においては常識でした。これは現代においては常識とは言えませんが、わたしたちはいまだにこの過去の常識を引きずっています。

要するに、知識労働社会になってきたことで「仕事量や労働時間を増やすことにより成果を増やす」というやりかたでは、うまくいかなくなってきているのです。

特に現在のように、状況が困難になればなるほど、過去の常識のままで動いてしまうと、どんどんうまくいかないスパイラルにはまってしまいます。

仕事もうまくいかない、人生もうまくいかない、自分の体型も思うようにならない、体調もよくない、というようなことが起こってしまうのです。

半分の労働時間で生産性と収入を倍にする

わたし自身も本書に出会ったときに、困難な状況を抱えていたわけですが、本書を読んだことによって頭が整理されて、仕事はもちろん人生すべてがとても良くなりました。

ですから、わたしなりに表現するならば、本書は「人生にレバレッジをかけるための本」です。

今までの常識であった「多くの労力をかけて成果をあげる」というスタイルではなく**「少ない労力でいかに大きな成果をあげるか」というように、人生にレバレッジをかける方法を教えてくれる本**なのです。

本書では「半分の労働時間で生産性と収入を倍にできる」と言っているわけですが、「とはいえ、どうすればそんなことができるの？」と思われるでしょう。これに対して、明確で具体的、かつ包括的なノウハウが本書には用意されています。

本書が教えてくれる方法の要点をあげてみましょう。

・よい習慣を身につけることで運命をコントロールする方法。
・労働時間を半分にし、なおかつ成果をあげる方法。さらに生産性を高める方法。
・仕事もプライベートもシンプルに、なおかつ効率的にする方法。
・可能性の源泉である「自分自身の思考」をコントロールする方法。
・人生を戦略的に設計する方法。

・経済的に自立する方法。

ここまでは仕事が話の中心ですが、本書はそれだけでは終わりません。

・仕事とプライベートのバランスを取る方法。
・健康的な体をつくるための方法（これは最近わたしが特に力を入れているところです）。

こういったことに対する具体的な解とヒントが本書には書いてあります。

本書は、実践してみることによって、流されてしまっている自分自身の意識を一気に変えることができるという、本当に実践的なすばらしい本なのです。

あなたの潜在能力をぐっと引き出す本書の読み方

本書は単に「読んでよかった」「ためになった」といって満足するような種類の本ではありません。本書をきっかけに、習慣・思考・行動を変え、その結果として人生を変えることができる本です。

言いかたを変えれば、**「誰でもみな同じようにもっている潜在能力を引き出すための本」**だと言えます。

わたし自身も本書によって、潜在能力が引き出されたと言ってよいでしょう。

当時読んだ原書を見ると、端を折ってドッグイヤーにしているページが半分以上です。そして、それぞれのページにはものすごい量の書き込みがしてあります。

要するに、この本を読みながら「やってみよう！」と思ったら、そこにどんどん書き込んで、そのあと行動に移していったのです。

読み返すと、書き込みが実現していることも多いし、このとき書き込んだ以上に大きく成長していることも少なくありません。**まさに、わたしは本書で人生にレバレッジをかけたのです。**

本書を読むときには、考えながら、そして書きながら読むことが重要です。

よかったところに線を引いたり、ノートに抜き書きをして終わり、というのではなく「じゃあ、こうしよう！」という具体的なアクションをどんどん書き込んでいって、読み終わったときには実際に行動に移せるように読むのです。

本書を速読して、使えるところだけを拾っても意味はありません。ある程度時間をとって、ペンとメモ帳をもって書きながら、考えながら読んでほしいのです。

ある意味、本書はあなたのトレーナーかコーチのような存在となるでしょう。こうした本は本当に数少ない貴重な存在です。私が本書を**「類書のない名著」**として強くおすすめするのは、こうしたことが理由です。


本書は、読みながらこれからやることをどんどん書き出していくことで、その結果、自分のライフスタイルの方向性ができあがるという本です。

徹底的に使い込んで、書きだして、そして実際に行動に移していくことで、あなたの人生の流れを大きく変えるために役立てていただければ幸いです。

大切なこと
だけ
やりなさい

CONTENTS

FOCAL POINT :

A Proven System To Simplify Your Life,

Double Your Productivity, and Achieve All Your Goals

by Brian Tracy

序章

最大の成果を生むポイントを見きわめよ

Introduction

人生での成功や目標達成、そして幸福の実現においては、ただ一つ〝もっとも重要な原則〟が存在する。

それは**「もっとも大切なポイントを見きわめる能力」が、あなたが人生においてどれほどのことを達成できるかを決める**――ということ。このポイントこそが、あなたが見つけなければいけない「フォーカル・ポイント」である。

フォーカル・ポイントを見きわめられるようになれば、あなたは人生のあらゆる局面において、今まで考えられなかったほど早く、簡単に、よりよい結果を出すことができる。

虫眼鏡で太陽光線の焦点《フォーカル・ポイント》を合わせると、紙が高温になって発火するのと同じように、重要な行動にフォーカル・ポイントを合わせて集中するべきだ。そうすれば、あなたはより早く高い目標に到達できる。レーザー光線の凝縮されたエネルギーが、一瞬のうちに鋼を切り裂くのと同じように。

あなたは自分自身にこんな疑問を投げかけたことはないだろうか。

Question

「どうすれば自分の時間と人生をコントロールできるだろうか？」

「仕事とプライベートな生活のバランスを取るにはどうすればいいのだろう？」

「どうしたらすべてうまくこなし、幸せで充実した人生を送れるのだろう?」

本書を読み終われば、こんな疑問はすべて解決する。

今わたしたちは、人類史上もっともすばらしい時代に生きている。夢や目標を達成したい人にとって、これほどチャンスと可能性に恵まれた時代はなかった。

その一方で、科学技術がハイスピードで進歩して世の中がめまぐるしく変化し、あらゆる分野で競争が激しくなっている。

わたしたちはひと昔前より多く稼ぎ、よりよい仕事をしているかもしれない。だが、仕事やプライベートでやることが増え、ストレスやプレッシャーに悩まされることも増えた。そのため、なかなか満足や楽しみを見いだせなくなっている。

本書では、このような現代人のさまざまな問題の解決策をお教えしようと思う。

フォーカル・ポイントとは、著者の二十五年以上にわたるビジネス界での経験と、すばらしい業績を残した人の習慣や行動を徹底的に調査した研究結果をまとめた知恵である。

本書は、他人より早く目標に到達できる人々の秘密を解明する。プライベートな時間を増やしながら、仕事上の目標をより短時間でより多く達成する秘訣を説明していこう。

フォーカル・ポイントの中心となるのは「自分が何者で、本当は何がしたいのか」を明確に認識することである。本書を読み進むうちに、あなたは今より早く簡単に、もっとも重要な目標に到達する方法を習得できるようになるはずだ。そして、あなた個人の力をこれまで以上に高いレベルで生かす方法も身につけられるだろう。

フォーカル・ポイントの考えかたを実生活や仕事に取り入れた人たちが達成する成果には、しばしば驚かされる。

「収入が倍増した」
「一週間の労働時間が減った」
「時間と生活をうまくコントロールできるようになった」
「家族や他人との関係を質の高いものにできた」

たくさんのうれしい報告が続々届いている。

人生の質を高める四つの方法

フォーカル・ポイントの原理は「幸福な人生を送るための普遍の真理」を教えてくれるが、人生や仕事の質を高めるためにできることには、本質的には四つの方法しかない。

（1）重要なことを増やす――あなたにとって、より大切なことや意味が感じられることには、それにかける時間や行動を増やして、より力を入れればよい。そうすれば、あなたはより大きな報酬や満足感を得ることができるようになる。

（2）重要でないことを減らす――比較的重要でない活動は、それを減らしたり、どこかで中断するべきだ。そうしなければ、大切なことに全力を注ぎたいときに、それが思いがけない障害となってしまう。

（3）新しいことを始める――あなたにとって役に立つ新しい技術を身につけたり、新しいプロジェクトや活動に参加する。これは、仕事やプライベート、人生の力の入れどころを変えてみるということでもある。

(4) あることを完全にやめる——客観的な視点で人生を見直し、あなたが欲しいものや目指す方向と一致しないなら、そこから完全に手を引くほうがよいだろう。

本書を読み進めると、成功する人の考えかたや行動律を学ぶことができる。そして、かけがえのない人生の一瞬一瞬にすばらしい結果を出すために、最高の人生計画を立てる方法を身につけられるだろう。

また、多くの人が一生かけて成し遂げるよりも多くのことを、これから数年のうちに達成する方法もわかるはずだ。人生にフォーカル・ポイントを取り入れられれば、なりたいもの、やれること、身につけたいことを制限する必要はなくなるのだ。

第1章

潜在能力を解き放て

Unlock
your full potential

目標に自分の力を集中させることによって、
すべての偉大な人は偉大になり、
すべての成功者は成功した。

——オリソン・スウェット・マーデン（作家）

あなたの生きかたは、あなたしだいで一八〇度変えることができる。しかも、今思っている以上にずっと簡単に。新しい生きかたを選ぶことについての実話をご紹介しよう。

episode

フォーカル・ポイントで人生を一変させたあるビジネスマン

わたしが主宰するフォーカル・ポイントを学ぶ能力開発セミナーに、ある保険会社の管理職が申し込んだ。

それまでの彼は毎日十時間から十二時間も働き、四年以上ものあいだ長期休暇をとっていなかった。年俸十万ドル以上を稼いでいたものの、肥満であまり健康とは言えず、つねに激しいストレスを感じていた。

おまけに自分の人生にまったく満足していなかった。やらなければならないことがあまりにも多いのに、時間が足りず毎日疲れきっていた。

彼はセミナー初日から、フォーカル・ポイントの考えかたを生活に取り入れた。

まず、自分の仕事のなかから「いちばん収益の多い仕事」を探した。同時に、かなりの時間を費やしているにもかかわらず「もっとも大切な目標にあまり貢献していない仕事」も探した。すべての仕事をリストアップし、すべてを検討し直した。それによって彼は、自分の仕事の多さに気づくこととなった。そして、そのほとんどが、自分の人生の目標達成にあまり役立っていないことにも。

彼は仕事や家族・健康・資産・生活全般について新しいゴールを定めた。このゴールに沿って、ある行動は増やし、ある行動は減らし、新たな行動を始め、価値がない行動は完全にやめてしまった。

彼は自分の全顧客のうち、営業収益の八〇パーセント以上を生み出す上位二〇パーセントの上得意客への営業活動により力を入れると同時に、さらに上得意客となる顧客を増やすことに着手した。

それと並行して、営業収益の二〇パーセントしか生み出さない、全顧客の八〇パーセントを占める〝効率のよくない顧客〟にかける時間を減らしはじめた。このため、営業収益のほとんどを生み出す〝少数だが効率のいい上得意客〟に費やす時間を増やせるようになった。

彼はセミナーに参加してから三カ月と経たないうちに、週七日の労働が五日に減った。そして、以前より妻や子どもたちと過ごす時間が多くなった。

彼は、数年ぶりに家族で週末旅行に出かけた。その数週間後には、まるまる一週間、家族で休暇を楽しんだ。

それから六カ月もしないうちに、彼は毎月一週間の休みをとって家族と過ごすようになった。しっかり休みをとりながら、ますます上得意客に集中して営業活動を続けたので、フォーカル・ポイントを実践する前に比べると、収入が三〇〇パーセント以上増えた。定期的に運動もして、彼は十キロ近く減量した。

彼は、わたしのセミナーをきっかけに、より価値のある仕事に集中し、同時に価値の低い活動を減らしたりやめたりした。こうして、わずか数カ月で彼は毎日の生活をすばらしく変化させたのである。


この管理職のような例は珍しくはない。

日々の生活にフォーカル・ポイントを取り入れた多くの人が、奇跡のような成果を手にしてきた。ふだんの生活や仕事に、これまでの常識からは考えられない変化がきわめて早く生まれたのだ。

言うまでもなく、彼らが成し遂げたことは、あなたにもできる。

半分の労働時間で収入を倍増できる

毎日の生活にフォーカル・ポイントを取り入れると、収入を倍増させ、仕事にかける時間を半分に減らすことができる。それも一カ月とかからずに、このふたつの目標を達成できるのだ。

なんとも怪しげな宣伝文句だと思っていないだろうか？

「収入を倍増させながら、同時に労働時間を半分に節約できるだって？　まさか！」

たいていの人は「収入を増やすには仕事の量か労働時間を増やすしかない」という古い固定観念にとらわれている。

しかし、ちょっと待ってほしい。こんな旧式の考えかたをしていては、まちがいなく身も心も疲労とストレスに追いつめられてしまう。

今、世界は激変している。「重厚長大の時代」から「サービス・ソフトの時代」へと移行するまでに五十年とかかっていない。わたしたちも時代の変化に合わせて変わらなければならない。

現代の情報化社会では、知識こそが重要な資源であり、もっとも価値のあるものを生みだす源である。要するに「労働力を重視したマンパワーの時代」から、「考える力を重視するマインドパワーの時代」に入っているのだ。

となると、もはや報酬の尺度は「費やした時間」ではありえない。**この新時代では「あなたが何をやり遂げたか」、その結果が報酬を決めるのだ。**

ピーター・ドラッカーは現代を「知識労働者の時代」と呼ぶ。こうした社会においては、勤務年数や労働時間ではなく、労働の結果に対して報酬を受けることになる。創造力のある人が、この変化をうまく利用すれば、成功への可能性が限りなく広がる時代なのだ。

上位二〇パーセントの仕事に集中せよ

「八〇対二〇の法則」とは、仕事全体のうち上位二〇パーセントの効率のいい業務が、収益全体の八〇パーセントを生みだすという法則だ。

あなたも、すべての仕事の成果をお金に換算してみてほしい。効率のいい上位二〇パーセントの仕事が、すべての仕事の八〇パーセント以上の価値を生みだしているはずだ。

Question

「成果の八〇パーセント以上を生みだす上位二〇パーセントの仕事とは何だろう?」

「80対20の法則」

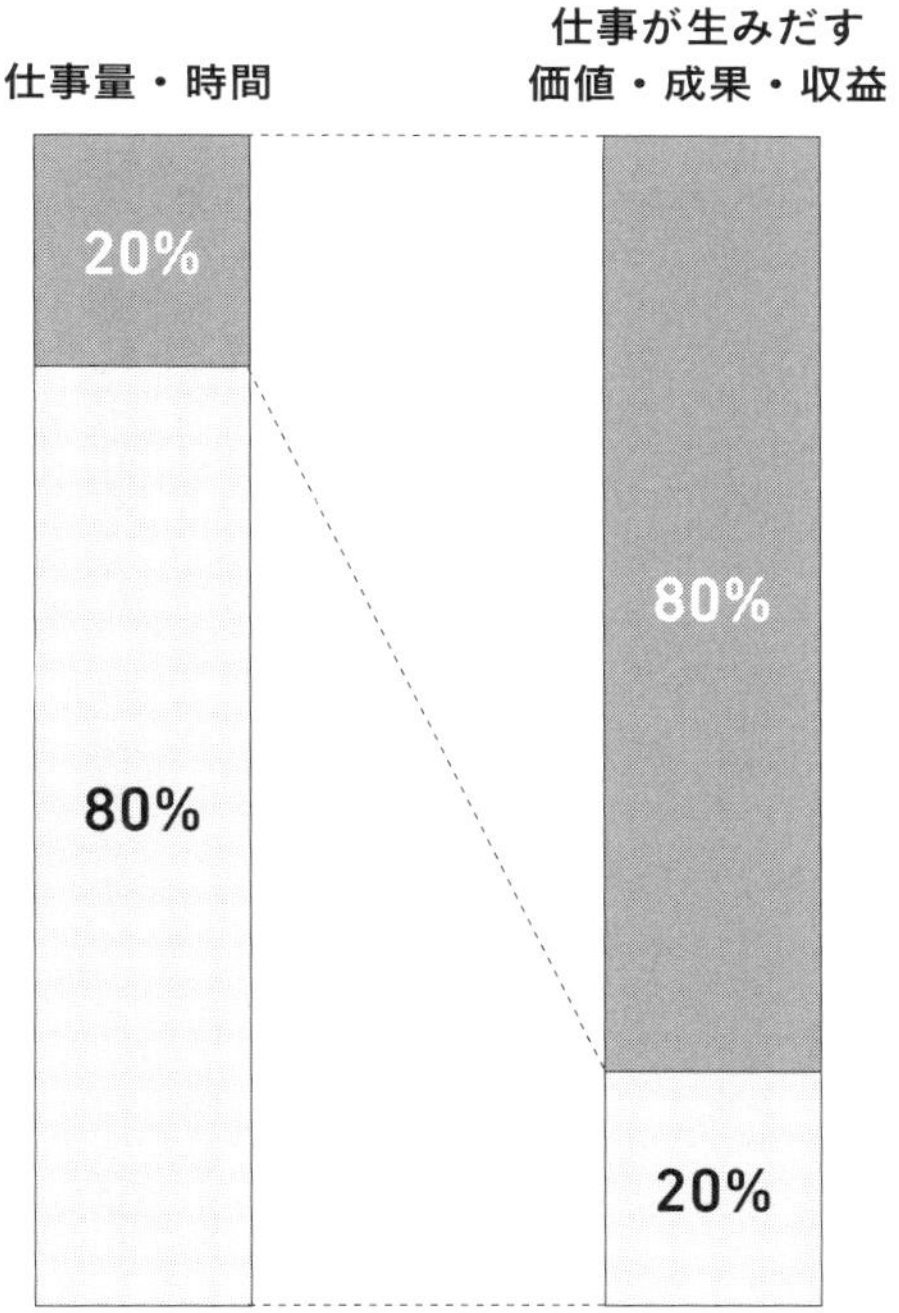

上位20%の仕事が、
80%の価値を生みだしている。

この質問に答えを出したら、**たった今から「もっとも対価が高い仕事」や「もっとも重要な成果を生みだす仕事」に、より多くの時間を費やすことにしよう。**

つぎに、あなたの業績にほとんど貢献しない「非効率な下位八〇パーセントの仕事」を選別しよう。そして、**下位八〇パーセントの業務については、できるだけすみやかに事業規模を縮小するか、外部に委託するか、業務を終了するかの決断をしてほしい。**

この働きかたを貫くと、生産性が高まって生産量が増え業績が伸びる。ついには報酬も増え、やがてあなたの収入は倍増するだろう。

それだけでは終わらない。あなたは以前より質の高い仕事を多くこなし、もっと成果をあげられる。仕事上の評価が高まり周囲の人からの尊敬を集めることもできる。

利益効率の悪い仕事に自分の時間のほとんどを注いでいる人たちに比べると、あなたの仕事は同じ時間で倍の成果をあげるため、高い生産性を保ったまま労働時間を短くできる。他の人の半分の時間で仕事をこなせるようになるのも不可能ではない。

このように、上位二〇パーセントの仕事に集中すると、あなたの生活すべてがよりよい状態に向かって進むのだ。

自分自身の人生に責任を取れ

フォーカル・ポイントを実行するかどうかを決めるのは、すべてあなた自身である。あなたに代わって実行できる人はいない。

「もっとも重要な人生の選択」とは、現在と未来の自分の姿に、すべて自分が責任を取ると決めることである。この決心は、まちがいなく人生の大きな転機になる。こうして自分自身に責任を持つかどうかが、優れた人物と平凡な人物を選り分けるのだ。

責任感の強い優れた人物になることは、どんな状況でも抜きんでたリーダーシップを発揮し、優れた業績を生みだす力を持つことを意味する。自分の人生に責任を持つということは、自分の人生について言い訳はできないし、他人を責められないということでもある。

一度決意したら、これから先、どんな理由があっても自分の人生について他人に責任転嫁をしてはいけない。現状や過去に不平を言ってもいけない。「〜だったら」「〜すれば」は禁句だ。そのかわり、どうしても手に入れたいものや目指すゴールに意識を集中しよう。

仕事の時間を半分に減らし、収入を倍増させたければ、あれこれ言い訳を並べている暇はない。**これからはどんなことが起こっても、自分にこう言い聞かせるのだ。「わたしには責任がある」と。**自分の生活にまったく満足していなくても、「わたしには責任がある」と言おう。そして、一生懸命生活を変える努力をしよう。

失敗しても自分で責任を取り、解決方法を探す努力をしよう。今の収入に満足していなくても、自分で責任を取り、収入を増やすために必要な行動に取り組もう。

家族と過ごす時間が充分でないなら、あなた自身の責任でどうにか工夫して、できるだけ家族といっしょに過ごす時間をつくろう。

人は、責任を取ると決めたとき、心のうちで自分の力強さを感じるようになる。自分の人生をコントロールしていると強く意識できるからだ。

責任を取るほど、自信は高まり、未来のためのエネルギーがわいてくる。そして、責任を取るほど、ますます自分の能力や才能を信じられるようになる。

このように、自分に責任を持つことが、強い自尊心や自負心の土台をつくる。自己責任が、優れた人物の個性の中心を形づくるのだ。

ところが、言い訳したり、他人を責めたり、文句を言ったり、批判したりすると、自分自身を成長させる力を失ってしまう。そして、さまざまな問題を不満に思う感情をコントロールできなくなる。

他人に責任転嫁をしても、その問題から逃れることはできない。自分の義務を投げ出すことは、人生のコントロールを放り出しているにすぎない。

責任を取れない人は、自分が犠牲者であるかのようにふるまいがちだ。だが、そんな人は力強さや革新的な思考とは無縁の〝人生を諦めた消極的な人〟である。

人生の経営者となってコントロールせよ

自分の人生のすべての責任を取ると決心すると、あなたが誰に雇われているかは問題ではなくなる。なぜなら、人生も仕事も自分自身でコントロールするので、誰が給料を払ってくれていようと、あなた自身が経営者になったような、いわば個人経営のサービス会社の社長になったようなものだからだ。**あなたは「あなたという従業員一名の企業を率いる起業家」**というわけだ。

こう考えると、社長であるあなたは、競争の激しい市場で自分の個人労働力という商品を売る責任を感じるはずだ。商品そのものや品質管理・社員教育・経営方針・人脈・経営戦略・生産性向上・財務面と、あらゆる業務に全責任を負うのである。そして、そのおかげで自分の能力を伸ばすことができるだろう。

価値ある行動に注目せよ

人生は、注目することを学ぶ場である。何かに注目すると、自然とそこに気持ちも向く。

人生で何かを達成するには、より価値の低い行動から価値の高い行動へと、注目する対象

を変える能力が必要なのである。

episode

マネジメント革命の引き金となったある実験

一九二八年、ゼネラル・エレクトリック社ホーソン工場での実話をご紹介しよう。この年、ある専門家グループが、労働者の生産性を向上させるため、この工場でさまざまな労働条件や労働環境を設定して実験を行った。

実験対象にはモーターを組み立てる生産ラインで働く女性たちが選ばれた。調査員たちは彼女たちに、もっとも生産性が高く、もっともミスが少ない最高の労働条件を探す実験であると説明した。

まず、製造部門の照明を明るくして実験した。二、三日もすると、女性たちの生産性が上がり、欠陥製品が減った。調査員たちはこの結果に喜んだ。

つぎに照明を暗くして、生産性の違いを調べようとした。だが、驚いたことに、照明を明るくしたとき以上に生産性が上がった。そこで他の労働条件でも実験を続けた。騒音の多少や室温の高低、作業員の配置と作業順の変更。ところが、どの条件でも実験前より生産性が向上するという意外な結果が出たのである。

実験を終え、調査員たちは実験に参加した女性たちを集め、実験結果を説明したあと、彼女たちに質問した。

「労働条件をどんなふうに変えても生産性が上がったのは、なぜだと思いますか?」

すると、彼女たちから予期しなかった答えが返ってきた。「自分たちは何かに選ばれたこともなければ、単なる工場労働者以上の扱いを受けたこともありません。だから、この生産性向上実験の被験者に選ばれたことが誇らしかったのです」と。


彼女たちは、自分たちが実験対象に選ばれたことを誇りに思ったのだ。ただの工場労働者でしかなかった自分が、注目される重要な存在に思えたのだ。その結果、これまでにないほどよく働いたというのである。

このホーソン工場での大発見が、のちのマネジメント革命の引き金となった。この生産性向上にかかわる心理的効果の発見が、マズローやマグレガー、ハーツバーグ、ドラッカーといった、マネジメントに関わる多くの研究者のめざましい研究結果へとつながっていったのだ。

今日では、世界中の研究者たちが、生産性を向上させる心理的要因の研究に取り組んでいる。

意識が変われば成果も変わる

これまでの研究によって、**「注目されている行動は、注目されていない行動に比べて、高い成果が期待できる」**ことが判明している。これは、わたしたちの人生をすばらしいものに変える鍵となる重要な発見である。

わたしはセミナーの受講者にこんな質問をすることがある。

「この部屋に地元の大学の心理学の研究者が何人か来ていると思ってください。そして、研究者たちがあなたがたを観察して、このセミナーのあいだ、ひとりひとりがどのようにメモを取っているかを研究報告にまとめるとしましょう。彼らに見られていることが、あなたのメモを取る能力に何か影響すると思いますか？」

すると、全員がにっこり微笑んで、もしじっくり観察され、メモを取る力を評価されるのであれば、メモの取り方にもっと注意するだろう、と答えた。誰にも注目されていないときよりも意識して、いつもよりうまく作業をこなすというのだ。

この話のおちは単純だが奥が深く、重要である。**あなたが何かの仕事に取り組んでいるとき、その仕事を強く意識すると、いつもよりよい結果を出せる。**自分の行動のすみずみに注意を払うので、何も考えずに仕事をしているときに比べ、仕事の効率が高まる傾向があるのだ。

フォーカル・ポイントを学ぶと「もっとも大切な行動」、つまり「最短の時間で最高の成果や報酬をもたらす行動」の見分けかたを身につけられる。これらの重要な行動に注目し、強く意識すれば、あなたの業績はますます向上する。

習慣が運命を決める

あなたの行動のほとんどすべて、少なくとも九五パーセントは、あなた自身の習慣によって決まっている。**朝起きてから夜寝るまで、習慣があなたの言動や周囲の人への反応をコントロールしている**のだ。

人生で成功する人は「人生をよりよくする習慣」を身につけている。一方、目指す結果に到達できない不幸せな人は、仕事に失敗したり、人生の成功を阻むような習慣を身につけてしまっている。

習慣はすべて後天性である。幸いにも悪しき習慣はあとから取り除くことができるし、かわりによい習慣を取り入れられるのだ。つまり、**充分な時間と労力をかけて学ぶことを厭わなければ、どんな習慣でも身につけられる。**

習慣とは刺激に対する無意識反応、または条件反応である。よかれ悪しかれ、一度身につけたら、考えたり努力をせずに、無理なく簡単にできることが習慣である。ある行動がいったん習慣化すると、無意識のうちにコントロールできるようになる。

ドイツの哲学者ゲーテは、「たやすくなる前は、何もかも難しいものだ」と述べた。思考や行動の新しい習慣を身につけるには、かなりの努力が必要かもしれない。しかし、**ひとたび習慣にしてしまえば、より少ない労力で、大きな成果が得られるようになる。**

一般に、よい習慣を身につけるのは難しく、悪い習慣を身につけるのは簡単だと言われる。よい習慣を身につけて、それを行動原理にするのが、あなたの課題である。同時に悪い習慣を排除して、悪い習慣が悪い習慣を呼ぶ悪循環に入り込まないようにしなければならない。

なぜなら、身につけている習慣が、あなたの未来を決定づけるからである。役に立つ習慣を見つけだし、それをすみやかに身につける方法については、あとで述べるとしよう。

フォーカル・ポイントはグランドスラム《SLAM》方式で達成せよ

ゴルファーやテニス・プレーヤーが一年間の主要四大会すべてを制覇することを「グランドスラム《SLAM》を達成した」と言う。フォーカル・ポイントを実行するには、頭文字をつなげるとSLAMとなる次の四つの要素をマスターすればよい。

S＝シンプルにする（Simplification）
L＝レバレッジをかける（Leveraging）
A＝アクセルを踏む（Acceleration）
M＝マルチ化する（Multiplication）

このグランドスラム《SLAM》を達成すれば、収入を増やして労働時間を半分に減らすことができるのだ。それぞれを詳しく見ていこう。

グランドスラム方式① S＝シンプルにする(Simplification)

グランドスラム《SLAM》のSはSimplification、つまりシンプルにすることである。効率のいいタイム・マネジメントで収入を倍増させ人生の質を飛躍的に高めるには、自分の行動すべてをシンプルにすることを学ばなければならない。シンプルにするためには、時間がかかりすぎたり、目標到達にあまり役立たない仕事は、減らしたり中止したりする必要がある。

価値の低い活動をやめると、毎日の生活がシンプルになる。そして、本当に自分の生活に変化を生みだす活動には、もっと時間を使えるようになる。そのためには、今の自分のすべての行動を一度白紙に戻して検討しなければならない。

Question

「もうかかわりたくない交友関係、仕事上の人間関係はないだろうか？」
「本当は扱いたくない製品、本当はしたくない時間や資金の支出はないだろうか？」

これに「ある」と答えるなら、次はこの質問に答えていただこう。

Question

「この状況から抜け出すためにどんな方法を使うといいだろうか?」

無駄が多く効率の悪い仕事をひとつ中止したり、重要ではない人物とのつながりを断つ。それだけで瞬く間に(ときには一晩で)、人生はシンプルに生まれ変わる。つねに自分の行動について、こう問いかけよう。

Question

「この仕事にもっと手をかけるべきだろうか?」
「この仕事はもっと減らすべきだろうか?」
「新しい仕事を始めるべきだろうか?」
「完全に撤退すべきだろうか?」

毎日なにかに取りかかる前に、こう自問自答しよう。この質問は、あなたの人生をシンプルにするきっかけをつくってくれる。

グランドスラム方式②　L＝レバレッジをかける(Leveraging)

グランドスラム《SLAM》の二番目の文字Lはレバレッジ、すなわち「てこの力」を活用することである。自分の力や能力にレバレッジをかければ、できると思っていた以上のことを達成できるからだ。

その昔、ギリシアの哲学者アルキメデスはこう述べている。

「わたしに充分な長さのてこと支点を与えてくれれば、地球をも動かしてみせる」

この原理は、あなたの行動にも応用できる。あなたが活用できる七つのレバレッジをあげておこう。

七つのレバレッジ

LEVERAGE 1　他人の知識

他人の知識をあなたの今の状況に応用すると、それをきっかけに業績が飛躍的に伸びることがある。そうできれば、多額の活動資金や、数週間から数カ月分の重労働を省くことができる。

成功者は他人の知識をうまく活用して、自分の人生が向かう方向を見つけ出している。あなたも、書籍や雑誌・テープ・論文などから、自分の目標により早く到達するための知恵やアイデアを見つけ出すのだ。

LEVERAGE 2 他人のエネルギー

仕事の効率がいい人は、価値の低い業務を他人に任せたり、アウトソーシングすることを心がけている。そうすれば、より多くの成果と高額の収入とをもたらす大切な業務に、もっと自分のエネルギーを注げるからだ。

あなたは、どうやって他人のエネルギーを活用して能率と生産性を高められるだろう。

LEVERAGE 3 他人の資金

他人の資金を利用させてもらう能力があると、自分の財力だけではまかなえなかった大がかりな仕事をやり遂げることができる。

LEVERAGE 4
他人の成功

成功者は、成功するまでに資金で苦労したり、大きな犠牲を払ったりしているものだ。そうした苦労を積み重ねた末に自分の目標に到達している。だから、ぜひ他人の成功を研究し、その経験から学んでほしい。そうすれば、時間を無駄に過ごすことはなくなるし、トラブルも事前に避けられる。

LEVERAGE 5
他人の失敗

かつてベンジャミン・フランクリンがこう言っている。
「人間は、英知を買うことも借りることもできる。英知を買うときには、自分の時間と財産で精一杯の対価を払うことになる。しかし、借りるときには、他人の失敗から学んで教訓にすればいいだけだ」
歴史上の偉大な成功の多くは、似通った分野の他人の失敗を慎重に研究して学習した結果、成し遂げられたものだ。あなたが取り組んでいる分野で、学ぶべき失敗とは何だろう。

LEVERAGE 6 他人のアイデア

優れたアイデアがひとつあるだけで、あなたの未来は広がる。読書したり、学習したり、議論したり、経験したりするほど、それはあなた自身の肥やしとなり、ますます仕事で成功するためのアイデアを思いつくようになる。

LEVERAGE 7 人脈や信頼

あなたのために適切な人を紹介してくれる知り合いは誰だろうか？

もっと早く目標に到達するよう助けてくれる知り合いは誰だろうか？

ひとりのキーパーソンがその人脈で、あなたの人生全体の方向を変えてくれることもあるのだ。

グランドスラム方式③　A＝アクセルを踏む（Acceleration）

グランドスラム《SLAM》の三番目の文字Aは、アクセルを踏んで加速すること（Acceleration）である。

今わたしたちの社会では、何ごとにも凄まじいスピードが要求される。だからこそ、他人が欲しがるものをさっと差し出せる人が重宝がられる。大切な人や得意客のために、どんなときでも、**誰よりも早くものごとを処理する方法を探そう。**

グランドスラム方式④　マルチ化する（Multiplication）

グランドスラム《SLAM》の最後の文字Mは、マルチ化（Multiplication）である。

自分自身の能力や可能性をマルチ化させるには、自分にはない技能や能力を持つ人々といっしょに働くのが最高の方法だ。

優れた管理職は、個々の人材の能力を生かし、仕事をうまく調整するものだ。ひとりひとりの業績をただ合算するよりも、協力し合ったときの業績のほうが、ずっといい結果になることを知っているからだ。

つまり、**優秀な人材が集まったチームをつくり、重要な業務を任せる管理能力を身につけると、長期にわたる成功が保証される。**これこそ、自分と自分の能力をマルチ化させる秘訣である。

労働時間を二分の一にせよ

ほとんどの人が「現実には労働時間を減らすなんてできっこない」と考えているのではないだろうか。「仕事のためにプライベートは犠牲にしなければならない」と考えている人も少なくない。だが、これは真実ではない。

なぜなら多くの場合、労働時間の八〇パーセントは成果につながらない行動に費やされている。**一般的な人の労働時間の半分は、むやみに浪費されているにすぎない。たいていい同僚とのつきあいや私的な電話、昼休みをゆっくりとることに費やされているのだ。**

しかし、仕事に費やす長い時間が楽しみのための時間を奪っている。職場で無意味なことに時間を浪費することで、仕事の進行が遅れ、どんどんたまっていく。やがて、たまった仕事に追われ、仕事以外の時間がとれなくなる。そして、家庭生活やリフレッシュのための楽しい時間が奪われてしまうのだ。

あなたはつぎの話をどう感じるだろう？

episode

どうしてパパはいつも仕事をしているの？

幼い女の子が、母親にこう尋ねた。

「ママ、どうしてパパは、夜になったらいつもお仕事をいっぱい鞄につめて帰ってくるの？　どうしていつもおうちでお仕事してるの？　どうしていっしょに遊んでくれないの？」

ママが答える。

「いい子だから、わかってちょうだい。パパにはお仕事がたくさんあるの。昼間に会社でやるだけでは終わらないわ。だから、夜もおうちでお仕事するのよ」

女の子はママを見上げて言った。

「どうして会社は、パパにもっと簡単なお仕事をくれないの？」

家族との時間や個人的な活動に充分な時間を割いていない人に限って、勤務時間中に長時間をかけて非効率な仕事をするという悪い習慣に陥っている。

仕事は、時間をかけるほどますます能率が下がる。しかし、仕事の能率が悪い人に限って同僚とのつきあいやたいして重要ではない仕事はうまくこなしているものだ。

そのうちに昇進を左右するもっとも重要な仕事がたまって、ひどいストレスを感じ、急がなければ、もっと働かなければと思い込むことになるのだが……。

労働時間を二分の一にする六つのステップ

生産性の高い人が一般の人に比べて優れているのは、他人よりも効率を意識して行動する方法を身につけている点である。練習さえすれば、あなたも効率よく働くことができる。

【STEP1】もっとも価値ある重要な業務を選びだす

どの仕事を選ぶべきかを慎重に検討し、その仕事について上司や同僚と話し合おう。そうすれば、最高の結果を出すためにできることが明確になるだろう。

【STEP2】

時間効率が悪く、長期目標に貢献しない業務を減らす

重要度の低い業務はなるべく排除しよう。他人や他社でもできる仕事は、すべてアウトソーシングしよう。効率が悪い仕事に費やす時間を減らそう。必要のない仕事は、断固として中止しよう。

【STEP3】

グランドスラム《SLAM》方式で、生産性と業績をどんどん伸ばす

あなたの才能や能力を効率よく使おう。遠慮せずに他人の力を借りよう。レバレッジで自分の力をパワーアップさせよう。仕事のスピードを上げよう。ひとつでも多くいい結果を出せるよう努力しよう。

[STEP4]

週に一度は、自分の楽しみのための休業日をもうける

休みの日には、資料を読んだり、電話をしたり、新しい情報を追いかけたり、コンピューターで作業したり、その他仕事に関わることをしてはいけない。頭を切り換え、ふだんの仕事とはかけ離れた世界でリフレッシュしよう。

[STEP5]

休業日をさらに増やす

毎週一日の休みがとれたら、次に週休二日のスケジュールを組む。さらに三カ月に一度三連休をとる努力をする。それができたら、次は二カ月に一度三連休をとるようにしよう。そして、毎年二週間から四週間の休暇を予定に組み込もう。

こんなふうにスケジュールを見直せば、労働時間の削減がとても切実な問題になるのではないだろうか。自分の時間を増やし、人生をコントロールできるようになれば、もっとよい仕事をこなせるようになり、ますます仕事が楽しくなる。

仕事を効率的にこなすと、今までより自由な時間が生まれる。すると、必然的に休みにあてる時間が増える。休みが増えると頭がすっきりして生産性が高まる。そして、さらに多くの仕事をこなせるのだ。

【STEP6】自分の行動への意識を高める

自分自身や自分の行動をもっと意識しよう。仕事を始める前に何をどうするのか慎重に検討しよう。いちばん重要な仕事を見きわめ、ひたすらそれらに集中しよう。

まずは自分が取り組んでいる仕事について、じっくり考えることが大切だ。生産性や業績をより高いレベルにする考えかたや行動律を新しい習慣として身につけよう。その結果、人生にすばらしい変化が起こる。そして、その変化は今思っているよりもずっと簡単に早く起こせるのだ。

第2章

生産性を倍増せよ

Double your productivity

成功に不可欠なのは、
肉体的にも精神的にも疲労をためず、
ひとつの問題にエネルギーを注げる力である。

——トーマス・エジソン（発明家）

生産性を倍増させる方法は、学ぶのは簡単だが、実行するには努力と強い決意が必要だ。基本的には「より価値のある重要な仕事をどんどんこなし、より価値の低い重要ではない仕事は、他人に任せるかアウトソーシングする」、これだけを実行すればよい。

まず、**仕事に取りかかる前に、仕事の全体像をじっくり見ることから始めよう。**最初にやらなければならないのは、自分がやるべきことを決定することだ。今何をするべきかを正確につかんでいれば、それだけでも生産性を高めることができる。

生産性を高める五つの質問

つねにベストのパフォーマンスを発揮するために、いつも次の五つを自分に問いかけよう。

［質問1］ これから何をしようとしているのだろう？

仕事を始める前に、最終目標や成果を決めておこう。グループで何かのプロジェクトを立ち上げるときは、どんな結果を目指すのかについて、事前に全員で話し合ってきちんと確認しておこう。

【質問2】 どうやってやろうとしているのだろう？

これが最善だと思える方法を見きわめよう。他にいい方法はないかも考えよう。自分が間違える可能性があることも忘れてはいけない。自分のアプローチ方法をよく検証し、分析して、ゴールや目標地点に到達するもっともいい方法だと確信できるものを選ぼう。

【質問3】 わたしはどんな予測をしているだろう？

市場の動き、他人の行動やその結果、業界の中心的な人物が考えていること、これから起こるできごとの結果を想定しているだろうか？ タイム・マネジメントの達人アレック・マッケンジーが述べているように、「たいがいの失敗の原因はまちがった予測のせいである」ことを忘れてはいけない。

【質問4】 予測はまちがっていないだろうか？

自分が正しいと思っていたことが、じつはまちがいだったとわかったとき、あなたはどうするだろう？　あなたの商談相手は、あなたの誤りを材料に値下げ交渉をしようとするだろうし、値下げしなければ取引先を他社に変えると主張するかもしれない。

【質問5】 予測がまちがっていたら、何をすればよいだろう？

あるアプローチがまったくの失敗に終わったら、あなたはどうするだろう？　他にどんな選択肢があるだろう？　もう一度同じアプローチで始めるだろうか？

面倒がらずにいつもこう自問しよう。

Question

「最高の結果を得るために、他にどんな方法があるだろうか？」

何ごともわかりやすく明快に

わかりやすさが何より大切である。**ベストの行動を選択して生産性を倍増させるには、自分がやり遂げたいことが明快でなければならない。**そうすることで、目標に到達するための最善の方法を見つけ、とことん追求できる。

新しい情報に目をひらき、フィードバックを謙虚に受け入れ、自分の間違いを訂正しよう。ひとりよがりになってはいけない。事情が許す限り、いろいろな方法を試してみよう。そして、しっかりと自分の力で行動しよう。

カンザス・シティにあるメニンガー研究所の報告によると、二十一世紀に成功するためにもっとも大切な資質は「柔軟性」である。柔軟性があれば、広い視野に立って他者を受け入れる深い懐を持ち、新しい方法や技術を嫌がらずに試すことができる。柔軟性があれば、つねに新鮮な気持ちでものごとに取り組める。

柔軟性を高めるには、自己中心的な考えかたをやめることが最良の方法だ。つねに第三者の目で状況を見つめなければならない。

「誰が」正しいかよりも、「何が」正しいかに重点を置こう。

自分が続けていたある行動について、急にストレスを感じたり、反対する人が多くなったとき、一歩下がって客観的に自分を見つめ直し、今までのやり方が間違っていなかったかを検討しよう。そして、こう考えよう。

Question

「この仕事に取り組むには、他にどんな方法があるだろう?」

今の目標や取り組んでいる仕事そのものを中止することも含め、あらゆる可能性を視野に入れて考えよう。

生産性を高める三つの鍵

【第一の鍵】明確なゴールを決める

生産性を高めるためには、最初に「明確なゴール」を持たなくてはならない。それはこれからの行動を決めるときに役立つ具体的なゴールでなければならない。意欲がわいてくるような到達可能なゴールを決めよう。

ゴールが決まったら、紙に書き出し、達成期限を決めるとよい。いつまでに何を達成するかはっきりしたゴールがあれば、より多くのことをより早く成し遂げられる。

【第二の鍵】 行動計画を紙に書く

生産性を高めるふたつ目の鍵は「ゴール達成までの行動計画を決めて、紙に書き出す」ことである。紙に書いて整理しておけば、計画を立てるときに費やす一分の時間で、計画を実行したときの十分を短縮できるだろう。

実際の行動を始める前に、ひとつひとつ段階を追った細かいリストをつくろう。そして、リストとにらめっこしながら、リストに沿って行動できるように手順や内容を考えよう。そうすれば順を追って行動できるし、進み具合を目で見て確認できる。

リストに書き出して、それをもとに行動すれば、あなたの生産性は少なくとも二五パーセントは向上する。

【第三の鍵】 優先順位をつける

生産性を高める三つ目の鍵は「行動計画のリストに優先順位をつける」ことだ。

最初の仕事に取りかかる前に、まずはリスト全体に目を通そう。いつも八〇対二〇ルールを心がけて、収益の八〇パーセントを稼ぎだす二〇パーセントの仕事に集中しよう。この上位二〇パーセントの仕事から作業を始めると効率がいいからだ。

仕事の重要度や価値をはかるにはこう質問すればよい。

Question

「その仕事をすること（または、しないこと）がどんな重大な意味を持つだろう？」

大切な仕事には、重要な意味があるものだ。上司や大口顧客との大切な約束は、まっさきに果たさなければならない。この約束を破ると、大問題になるからだ。しかし、同僚といっしょにランチをとることは、優先順位の低い活動である。いっしょにランチをとってもとらなくても、それほど気にするべき問題ではないからだ。

あなたはこの違いをどのくらい理解できているだろうか。

ＡＢＣＤＥメソッドで優先順位を決めよ

仕事の優先順位を決めるときには、あらかじめ仕事をリストアップしてから五段階に分けるＡＢＣＤＥメソッドを活用しよう。これは毎日行う習慣にするべきだ。

(1) Aランクは「重要な仕事」

これは「やるか、やらないか」が大きな意味を持つ仕事だ。もし「Ａ」に分類した仕事が複数あれば、「Ａ──１」「Ａ──２」「Ａ──３」という具合に、仕事の重要度に応じて優先順位をつけよう。この仕事は絶対にやらなければならない。

(2) Bランクは、あなたが「やるべき仕事」

これは、その仕事をするかどうかは重要な問題だが、「Ａ」ランクの仕事ほど気にかけなくてもいい仕事だ。やり終えていない「Ａ」ランクの仕事があるときは、「Ｂ」の仕事に取りかかってはいけない。より優先順位の高い仕事が残っている場合は、優先順位の低い仕事に手をつけてはいけないのである。

（3）Cランクは、さほど重要ではない「やっておくといい仕事」

たとえば、新聞を読んだり、同僚とコーヒーを飲みに出かけたり、「今晩の夕食はなに？」と自宅に電話をするといった仕事の成果や昇進には何の関係もないことは、すべて「C」に分類される。もちろん「B」ランクの仕事をやり残しているときは、「C」ランクの作業をしてはいけない。

（4）Dランクは、他の人に「代行してもらえる仕事」

第三者に委託できる仕事はすべてまかせてしまうとよい。そうすると、もっと自由な時間ができて、あなたにしかできない作業に取り組むことができる。

自分にこう質問してみよう。

「会社にすばらしい成果をもたらすもののうち、わたしだけができる仕事は何だろう？」

そのうえで、あなた以外の人でもできる単純な仕事は他人にまかせよう。そうすれば、あなたはもっと大切な仕事に時間を費やせるようになるはずだ。

（5）Eランクは、今すぐにでも「やめるべき仕事」

これは、それをやってもやらなくても、まったく問題にはならない仕事だ。あるいは、以前は重要な仕事だったかもしれないが、あなたの仕事や将来にこれといった影響を与えないため、今は中止してもかまわない仕事もここに入る。

「重要度×緊急度」で仕事に優先順位をつけよ

仕事の優先順位を決めるもうひとつの方法は、重要な仕事の中から緊急の仕事を選ぶことである。重要な仕事とは、それをやるかどうかが重大な意味を持つ作業のことである。その中から、優先しなければならない急を要する作業を選び出すのである。

では、生産性を高めるにはどうしたらいいだろう。まず「緊急かつ重要な仕事」を終わらせることに全力を注ごう。そのつぎに「重要だが緊急ではない仕事」に神経を集中させよう。そして、緊急でも重要でもない仕事は先に延ばしたり、中止したり、他人に任せたりすればいいのだ。

(1)「緊急かつ重要な仕事」を最優先にする

このような仕事に今すぐに取りかからねばならない。これからあなたがすることのすべては、この「緊急かつ重要な仕事」の進行具合に左右される。この仕事をやらずにいると、のちのち大きなトラブルとなる可能性が高い。どんなことをしても時間を割かなくてはならない。

(2)「重要だが緊急ではない仕事」は長期的に大きな成果をもたらす

提出期限に余裕がある報告書を書いたり、ライフワークとして取り組んでいる研究を続けたり、思春期の子どもたちといっしょに過ごしたり、体型を保つために運動をするといったことは、すべて重要ではあるが、急を要するものではない。

こういうことは後でもできるし、実際あなたもよく先延ばししているだろう。けれども、これらの作業は、長い目で見ると、重要な意味合いを持っている。

これらの仕事や活動は、あなた自身の予想を上回る成果をもたらすことがある。この仕事もきちんとこなさないと、将来的にあなたは大切な金の卵を失うことになりかねない。

(3)「緊急だが重要ではない仕事」に時間を費やさない

この仕事には具体的には、電話に出る、同僚の話を聞く、手紙を読む、などがある。これらの作業は、一見してとても重要に思えてしまうが、実はまったく重要ではない。

ところが、多くの人が、これらの行為に長い時間を費やしている。こうした人は傍目には忙しそうに見えるし、本人も自分が価値のあることをやっていると思っているが、それは思いこみにすぎない。

(4)「重要でもなければ緊急でもない仕事」はやめる

とりわけ、他にもっと生産性の高い活動をやり残しているときには、なおさらである。

多くの人は、重要でもなく緊急でもないことに自分の時間の大半を費やしている。そういう人たちは、勤務時間中に用件を処理しているというだけで、自分は価値のあることをやっていると思いこんでいるのだ。

「重要度×緊急度」

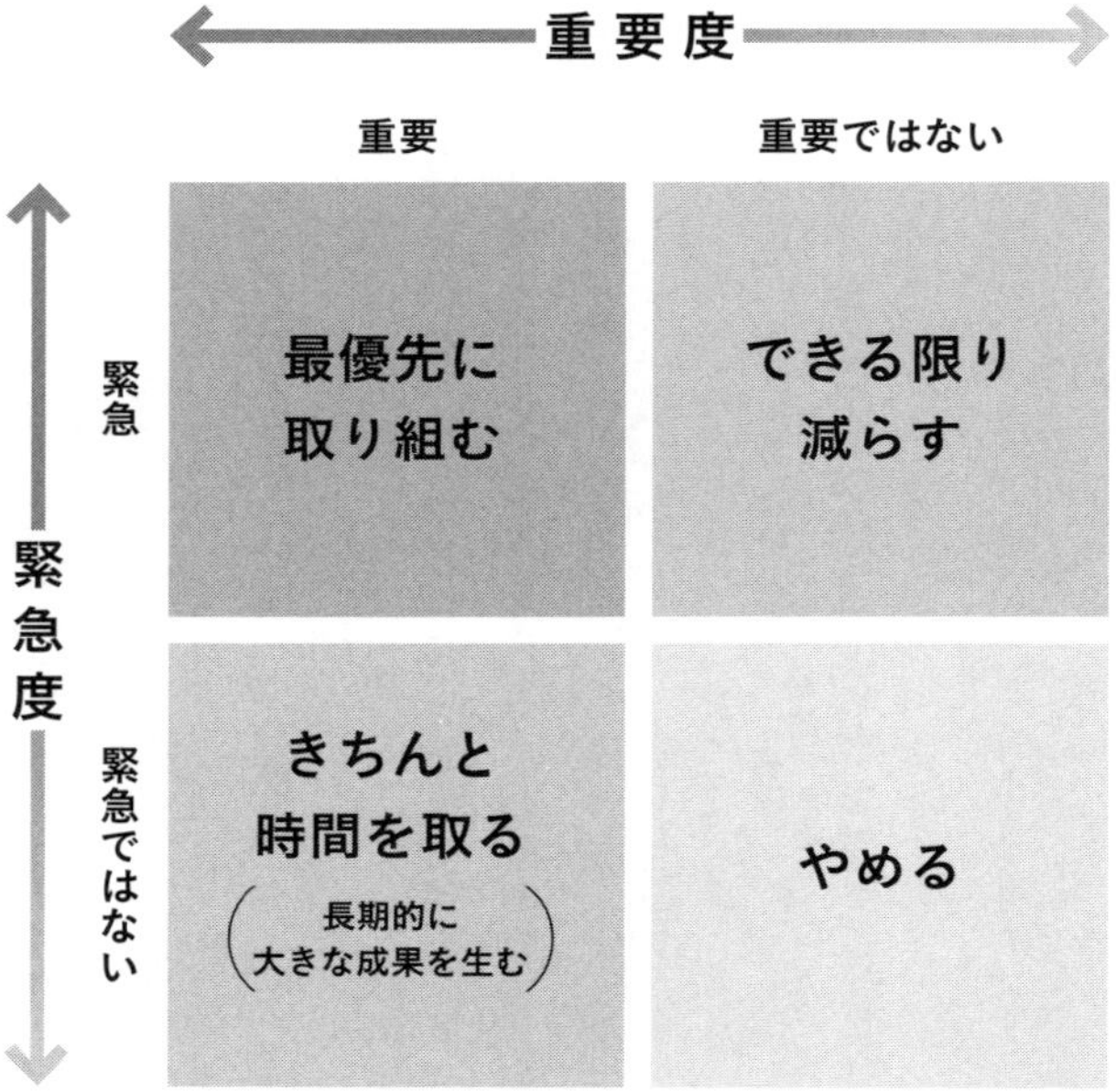

重要度
重要
重要ではない
緊急度
緊急
緊急ではない
最優先に取り組む
できる限り減らす
きちんと時間を取る
（長期的に大きな成果を生む）
やめる

価値ある行動を特定せよ

Question

「わたしにとっていちばん価値のある行動は何だろう？」

「わたしの仕事に最大の価値をもたらす行動は何だろう？」

「なぜわたしは給料を支払われているのだろう？」

「わたしはどんな成果を達成するために雇われているのだろう？」

「もっとも時間を有効に使うには、何をしたらいいだろう？」


これこそ、タイム・マネジメントとパーソナル・マネジメントのための〝究極の質問〟である。だから、つねに自問自答してほしい。そして出てきた答えに、あなたの時間のほとんどを使うべきなのだ。

自分の仕事をよく吟味して、いちばん価値のある業務を特定したら、すぐにそれに取りかかり、最後までその業務をやり遂げることが大切である。

注意をそらすことなく、ひとつの業務だけに集中しよう。そうすれば、いったん始めた仕事を中断してから再開したり、久しぶりに取り組んだりするよりも、ずっと早く仕事を終わらせることができる。その仕事が終わるまで他の業務に手をつけないだけで、大切な仕事に費やす時間の八〇パーセントを節約できるだろう。

成果を上げる七つの鍵

生産性や成果を高めるには、次の七つのキーポイントがある。

【第一の鍵】 自分の仕事に集中する

勤務中は、勤務時間いっぱい働こう。時間の浪費は許されない。職場は友人との交流の場ではない。いったん仕事を始めたら、それだけに集中して一日中全力を注ごう。これを実践するだけで、生産性は倍増できる。

【第二の鍵】仕事をなるべく早く片づける

時間を浪費してはいけない。どんどん仕事をこなそう。仕事のペースをあげて、そのペースを維持しよう。ひとつの仕事を終えてつぎの仕事にとりかかるときは慎重に、しかしなるべく早く取り組もう。

【第三の鍵】より価値のある仕事に取り組む

仕事に費やす時間の長さはさほど重要ではない。あなたがやり遂げる仕事において、成果の質が何より大切である。より価値の高い業務に時間を費やすほど、よりすばらしい結果を得ることができる。

【第四の鍵】得意なことに取り組む

スキルと経験があるあなたが得意とする業務に取り組めば、経験の浅い人よりも、短い期間により多くのことを成し遂げられるはずだ。

あなたの仕事のうちで、いちばん重要な業務を得意分野にしてしまおう。いちばん重要な仕事をうまくこなせると、仕事の質や量が飛躍的に高まる。

【第五の鍵】まとめて仕事をこなす

似たような仕事は、すべて同時に片づけてしまおう。手紙はすべてまとめて書いたり、一度にすべての報告書をまとめ書きしたり、すべての提案書をまとめて準備すれば、それぞれの仕事をより要領よく、しかも手早く済ませられる。

似た仕事を一度にまとめてこなせば、それぞれの仕事に費やす所要時間が少なくなり、ひとつの仕事に必要な時間の八〇パーセントまで節約できる。

【第六の鍵】仕事をシンプルにする

シンプルにすれば、より働きやすくなる。仕事のいくつかの部分をひとつにまとめ、作業手順を減らそう。そして、価値の低い活動はすべてやめてしまおう。

【第七の鍵】ほんの少し長く働く

労働時間を減らすことについて述べてきたが、あなたがほんの少し早めに出勤し、ほんの少し長く働いてから退社すれば、もっと多くの仕事をやり遂げられる。また、ふつうの人より早く出社すると、ラッシュ・アワーを避けられるし、ほんの少し遅くまで残って働くと、渋滞が解消したあとで帰宅できる。

この両方を実践すれば、あなたのライフスタイルにさほど影響を与えずに、二、三時間多く働いて、生産性の高い一日を過ごせる。要するに、だらだらと長時間労働をするのではなく、ほんの少し長く密度の濃い仕事をすることがポイントなのだ。

毎日、自分自身と競争せよ

日々自分自身と戦って、価値の高い仕事をどれだけこなせるか把握しよう。毎日が勝負なのだと考えてほしい。

自分でスケジュールと締め切りを決めて、その締め切りに向けて競争する。このとき、いかに少ない時間で、いかに多くのことをこなせるかを競争する気持ちで取り組むのだ。あなたがもっとも生産性が高く、すばらしい成果をあげ、能率よく行動しているとき、どんなふうに時間を使っているだろう。ぜひ最適の方法でいちばん重要な仕事に取り組んでいる状況を思い浮かべてほしい。

今から五年後、今取り組んでいる分野で、あなたがもっとも生産性の高い人物のひとりであると仮定しよう。

Question

「あなたは、他人の目にどのように映るだろうか?」

「あなたは、どのように働いているだろう?」

「どんな仕事をしているだろう？」

「あなた個人の成果を生みだすための行動指針は何だろう？」

「まわりの人は、あなたの働きかたをどのように説明するだろう？」


理想的な将来像について明確なビジョンが持てたら、すでにあなたがその理想像になっているかのごとく、つねに自分自身をイメージしよう。

このとき思い描く人物こそ、あなたの将来のあるべき姿であることを忘れないでほしい。

そして、実際に自分が思い描いていた姿になるまで、理想像を心に抱きつづけよう。

理想のビジョンを明確にして、仕事生活についての目標を定めよう。

Question

あなたには、あなたが望むどんな難しい仕事もこなせる能力があると仮定しよう。

「それはどんな能力だろうか？」

「仕事やプライベートでの具体的な目標や目的は何だろう？」


あなたは、今自分が取り組んでいることの動機をはっきりさせられなければならない。

Question

「なぜそれほど懸命に働くのだろう?」
「本当に達成したいことは何だろう?」
「目標地点に到達するための、いちばん早くて近い方法はどれだろう?」
「生産性を倍増させ最高の成果を生みだすのは、どんな知識やスキルだろう?」

生産性を高めるために、わたしが好んで取り組む原則はひとつだけだ。それは、**いちばん重要なひとつの用件にひたすら集中する**ことである。

この働きかたを習慣として身につけると、驚くほど多くのことを成し遂げられるようになる。

計画を立てて優先順位を決めたあと、いちばん価値の高い仕事から取り組むことを毎日の習慣にしよう。あなたは、どんなタイム・マネジメントの方法よりも多くの仕事をこなせるようになるだろう。何度も繰り返して実践すれば、意識しなくても行動できるようになり、習慣として身につけられるはずだ。

タイム・マネジメントの原則に基づいたチェックリストをつくり、定期的に見直そう。つねにもっとも価値のある時間の使いかたをしているかを確認しよう。

最後に、たった今あなたが学んだばかりのことを考えてほしい。

Question
「さあ、あなたはどんな行動を起こさなければならないだろう？」

それを、今すぐ実行しよう！

タイム・マネジメントで自信を深める

タイム・マネジメントとは、まさしくライフ・マネジメントであり、パーソナル・マネジメントである。自分の時間や人生をマネジメントできるようになると、一分一秒をもっと価値あるものとして大切に扱うようになる。そうなると、自分自身と自分の人生も、同じようにもっと高い価値を認めて大切にするようになる。

つまり、うまくタイム・マネジメントをするほど、もっと自分が好きになり、もっとプライドを高く持てるようになるのだ。もっと自分を好きになり、もっとプライドを高く持つようになれば、さらにうまくタイム・マネジメントができるようになる。

あなたがタイム・マネジメントの原則を実行に移すほど、仲間たちは、あなたのためにもっとうまく、もっと協力的に仕事をこなしてくれるようになるだろう。すると、あなたはもっと多くのよりよい成果を手に入れるようになる。

これらのことをきちんと実践できれば、あなたの能率や生産性は高まる一方だ。数日、または数週間で、あなたの生産性は以前より驚異的に高められるのだ。

第3章

すべてを
シンプルにせよ

Simplify your life

[マイヤーの法則]
ものごとを複雑にするのは単純な仕事だが、
ものごとを単純にするのは複雑な仕事である。

——ポール・J・マイヤー（潜在能力開発研究家）

今、わたしたちはすばらしい時代に生きている。信じられないスピードで進む変化が、人生で成功する多くのチャンスと可能性を生みだしているからだ。

それと同時に、あなたはこれまでにはなかった仕事と責任の山に埋もれている。やらなければならない仕事、読まなければならない本や雑誌、連絡をとらなければならない人、新たに始めなければならない企画、達成したい目標……。

年中無休の工場の生産ラインのように、ベルトコンベアーに乗って次々と届く仕事をこなす毎日だ。そのスピードはあまりに速く、すべてを処理するのは難しい。

Question

「生活をシンプルにするために、何をしたらいいだろうか?」

まずは仕事やプライベートで取り組むものの数を減らそう。

自分の時間をコントロールしよう。

あまり価値のないことは思いきってやめてしまおう。

何年も惰性で続けてきたことは中止しよう。

そして、ときには、あなたが楽しんでいる作業も、やめなければならないこともあるのだと理解しよう。

手順が増えるほど、仕事は複雑になる

何年間かの研究と実践の結果、わたしは「複雑性の法則」と名づけた理論をつくりあげた。この法則を活用すれば、すぐにタイム・マネジメントができるようになり、生活がシンプルになり、生産性を高めることができる。そのうえ、自分が取り組んでいることが楽しくなっていくはずだ。

「複雑性の法則」とは、「どんな仕事も、その仕事の手順の数の二乗に匹敵して複雑になる」という法則だ。 手順が多い仕事は複雑度が上がるため、コストが増加したり、所要時間が増えたり、間違いが多くなる可能性がつきまとう。

例をあげてみよう。いちばん単純な仕事は、あなたがひとりでできる仕事だ。たとえば誰かに電話をかける場合、手順は「あなたが自分で電話をかける」このひとつだけだ。一の二乗は一かける一なので、単純な仕事の場合、その複雑度はレベル一になる。

しかし、誰かに「電話をかけてほしい」と頼む場合は、話が違ってくる。電話をかける作業に、もうひとつ手順が加わるからだ。この行動の複雑度は、二の二乗でレベル四になる。時間やコスト、間違いや誤解が増える可能性が、レベル一からレベル四に増えたこと

になり、これは時間やコスト、ミスが増加する可能性が高まることを意味する。

さらに「その場にいない第三者に電話をしてもらう」、このケースを考えてみよう。この場合は作業手順が三つになる。三の二乗なので、複雑度はレベル九に達する。

このように、時間やコスト、ミスが増える可能性は、手順が三つになったことで急激に高くなってしまう。

四段階の作業手順があれば、複雑度はレベル十六、五段階の作業手順がある仕事だと複雑度はレベル二十五、十段階の活動では、複雑度はレベル百にまで達してしまう。

こうして仕事の手順がひとつ増えるごとに、複雑度は累乗して増えていく。反対に手順をひとつ減らすごとに、複雑度は累乗して減っていく。

この複雑性の法則から、シンプル化のポイントがわかる。次の話を参考にしてほしい。

「複雑性の法則」

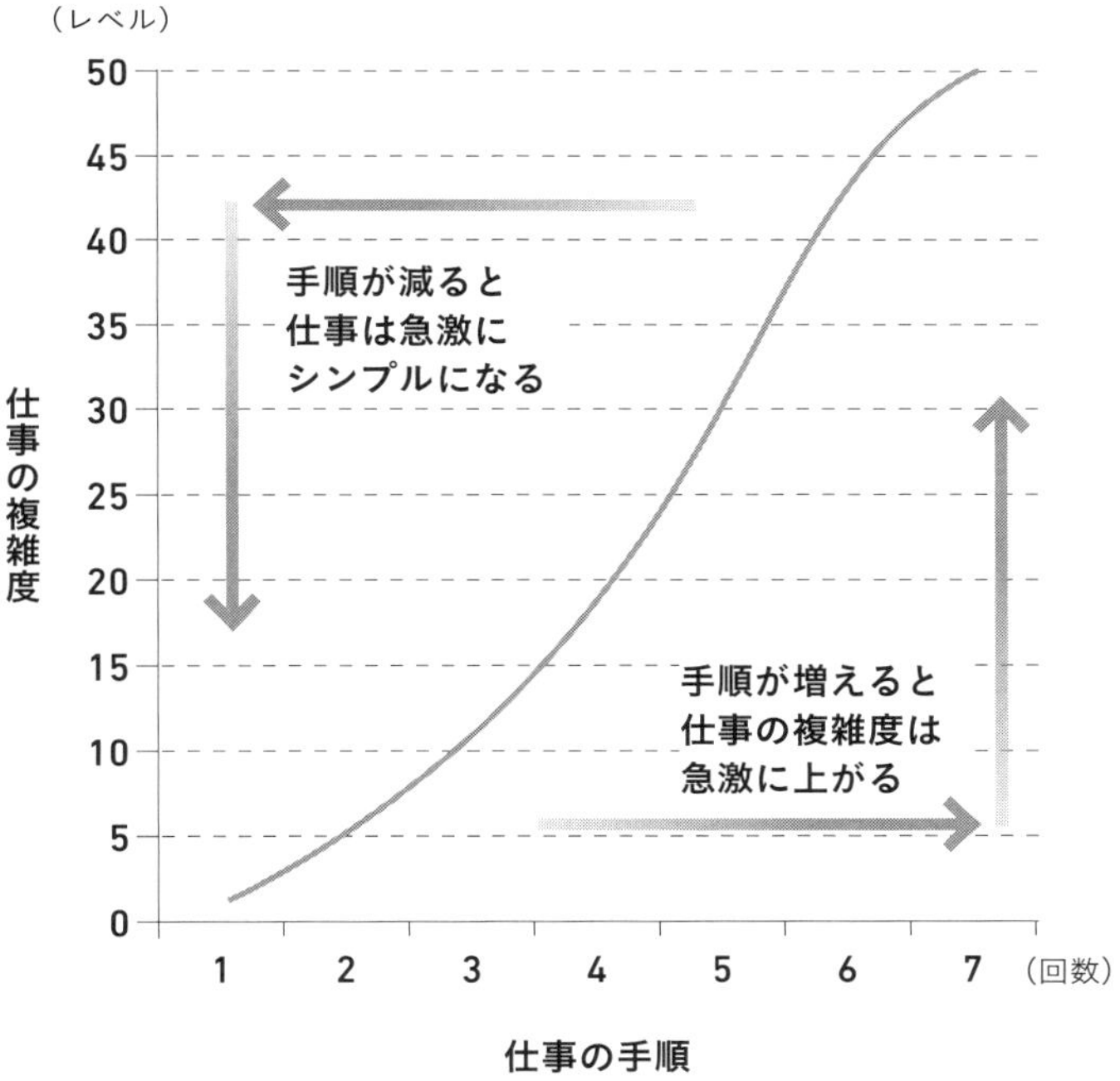

（レベル）
50
45
40
35
30
25
20
15
10
5
0
仕事の複雑度
手順が減ると
仕事は急激に
シンプルになる
手順が増えると
仕事の複雑度は
急激に上がる
1
2
3
4
5
6
7
（回数）
仕事の手順

episode

業務プロセスをシンプルにして劇的な成果をあげた保険会社

ある大手生命保険会社では業務プロセスに大きな問題を抱えていた。取引先が生命保険の加入申込書を受理してから、証書発行の認可がおりるまで六週間かかっていたのだ。認可にこれだけ時間がかかると、見込み客が保険への興味を失ったり、他社と取引してしまうことも少なくなかった。

そこでこの保険会社は、あるコンサルタントを雇った。コンサルタントは、生命保険申込書類を認可する過程に「複雑性の法則」を適用して検討した。

この生命保険会社では、ひとつの申込書類に二十二人の担当者が目を通していた。そのひとりひとりが証書の担当箇所について調べて承認したあと、ようやく最終決定権を持つ担当者の手に書類が渡る。この一連のプロセスに六週間かかるというわけだ。ところが、実際に証書認可に費やす時間の合計は一時間に満たなかったのである。

これを知った保険会社は、証書認可の過程を思いきって簡略化した。はじめの二十一段階の認可のための調査をひとりの担当者に任せた。そして、ひとり目の担当者が調査した申込書類を、ふたり目の担当者が二重にチェックするだけにした。
すると、認可にかかる時間はそれまでの六週間から、なんとたった二十四時間に減ったのだ！　この結果、この会社の保険引き受け業務は十倍に増えたのである。

シンプル化のための七つのR

あなたの毎日、仕事とプライベートをシンプルで能率的なものにするために、次にあげる方法を毎日必ずひとつ実践してみよう。

七つのR 1　よく考える（Rethinking）

やるべきことがたくさんあるのに、あまりにも時間がなくて途方に暮れることがあるだろう。そんなときは手を休めて、「もっといい方法がないだろうか？」と自問しよう。

どんな仕事でも、まわりからの抵抗や圧力を感じたり、問題点に気づいたとき、それを

無視して前に突き進んではいけない。

社外コンサルタントとして雇われたつもりで、現状を査定してみよう。客観的に見て、どんな処置をアドバイスしたらいいかを考えてみるのだ。

視界を広くして、何でも受け入れる心を持ってほしい。今のアプローチ法がまちがっている可能性を真摯に受けとめよう。

七つのR 2　再評価する(Reevaluating)

新しい情報を手に入れたら、アメリカン・フットボールの試合でタイムアウト（作戦会議）を要求するときのように、今のやりかたで間違いがないかを見つめ直そう。ゼネラル・エレクトリック社の元会長兼CEOジャック・ウェルチは、これを「真実の原則」と呼ぶ。

「真実の原則」によると、「自分自身に一〇〇パーセント正直でいること」そして「いつでもその瞬間から現状に合ったやりかたで行動すること」、この二つを守らなければならない。「以前はこうだった」とか「こんなはずではない」などと考えてはいけないのだ。

ジャック・ウェルチは、問題点について話し合うたびに、こんな質問で話を切り出している。「真実はどうなんだ？」あなたも、ぜひこれをまねてみよう。

アンブローズ・ビアスは、著書『悪魔の辞典』で「狂信的行為は、本来の目的を忘れてしまったあとも何度も繰り返される」と述べている。本来の目的を忘れて行動してはいけない。

七つのR 3 再編成する(Reorganizing)

投入した資金や労力に見合う結果を得るために、あなたの人生や仕事を組み替えよう。社会が目まぐるしく変動する時代には、たえずものごとを再編成しなければならない。これについて、あるハイテク企業の重役がこんなことを言っている。

「この業界では、三週間ごとに過去に立てたすべての仮定を捨て去らなければやっていけない」

まず職場環境の洗い直しから始めよう。そして、一日のすべての予定をもう一度組み立ててよう。**仕事の順番や優先順位を見直し、今進めている方法よりも、もっとその仕事に適した方法が見つかる可能性に目を向けよう。**つねによりよい方法を探し求めよう。

七つのR 4 リストラする(Restructuring)

企業におけるリストラは、顧客がもっとも高く評価する製品やサービスに注目することで実行される。そして同時に、顧客が重要視していない利益の出ない業務は、外部に委託したり、やめてしまうというものだ。

リストラとは「自分の時間やエネルギー、資金、手段のほとんどを上位二〇パーセントの行動に集中させること」である。それらの活動こそが、大部分の成果と大きな利益を生みだしているからだ。

自分自身の人生をリストラする場合にも、多くの成果を生みだす行動に、時間とエネルギーを集中させよう。あなたは、いちばん価値のある業務に注意を集中させなくてはならない。

七つのR 5 改良する(Reengineering)

シンプル化するには、現状の欠点を改良することがもっとも実際的で効果的な方法だ。まずは、重要な仕事について、業務の開始から終了まで段階を踏んでリストにまとめよう。はじめは**リストにある作業段階全体のうち三〇パーセントを削減する目標を立てる**とよい。実践してみれば、この削減作業がいかに簡単で、すばらしい成果をもたらすかに驚くはずだ。

人生と仕事の「改良」の六つの手法を実践しよう。

①ばらばらに進めているいくつかの**仕事をひとつにまとめる**。
②複数の仕事を**ひとりに任せる**。ひとりの裁量範囲を広げると同時に、責任を増やす。
③特定の仕事を**外注する**。その分野を専門にしている他企業や第三者に外注する。
④他の人や他の部署に**委託する**。
⑤必ずしも必要とは言えない**仕事をやめる**。
⑥仕事をやり遂げるための障害を減らして効率を高めるために、仕事の**順番を変える**。

いくつも作業段階があるどんな複雑な仕事も、たえず見直しをして、改良する方法を探そう。そして、以前より早く効率的に仕事ができるよう作業を簡素化しよう。

七つのR 6 最初から作り直す(Reinventing)

激動する変化の時代には、六カ月から十二カ月ごとに自分自身と自分の仕事を更新していかなければならない。すべてを白紙に戻してから考える癖をつけよう。まずは、自分にこう尋ねてほしい。

Question

「もう一度ゼロから始めるなら、同じ手順で取り組むだろうか?」

あなたは生涯を通して、さまざまな仕事や地位につくだろう。だから、しっかり前を見つめて、自分がやりたいことを考えるように心がけてほしい。こんなふうに自問しよう。

Question

「わたしの次の仕事は何だろう?」
「専門にする仕事は何だろう?」
「自分は何になりたいのだろう?」

あなた自身がこうした質問を自分に投げかけ、自分で答えを見つけなければいけない。そうしないと、他人があなたの代わりに答えを出して、あなたは他人の敷いたレールの上を歩くことになる。それでは仕事でもプライベートでも成功はおぼつかない。

七つのR 7 コントロールを取り戻す(Regaining Control)

この段階までに、あなたは新しい目標を定めて、新しい計画を立てているはずだ。そして、あらゆることに自分で責任を持つことで、自分の人生を自分でコントロールしはじめているはずだ。

これからのあなたは、「いいことが起こりますように」などという受け身の姿勢ではない。あなたは自ら行動し、自分の力で「いいこと」を起こすようになる。それはあなたが自分の時間と人生に責任があると理解したからだ。

あなたの価値観を決める

あなたの価値観を決めることが、あなたの生活をシンプルにする第一段階になる。

あなたにとって大切なものは何だろう?

どんな価値観や信条をいつも心にかけているだろう?

あなたが重んじるのはどんな価値観だろうか。あなたにとっていちばん大切な五つの価値観を選び出し、優先順位をつけて並べてみよう。

未来のビジョンをつくり出せ

自分の価値観に基づいて、将来どこから見ても理想的な生活になるようなビジョンをつくりだそう。制限は何もないと仮定して、理想のライフスタイルや理想のスケジュールを組んでみよう。さあ、あなたの理想像はどんな生活だろうか?

ゴールを決める

価値観とビジョンをはっきりさせたら、シンプルな生活を目指してゴールを決めよう。

あなたは「本当に欲しいもの」を手に入れなければならない。現状に満足していないのなら、新しい選択をして実現に向けて活動しはじめればいいのだ。

いつも「理想の状態にする」よう心がけよう。プライベートでいちばん幸福だったときや、仕事で何もかもうまくいって生産性が高かったときを思い出そう。そして将来、それと同じ状態を再現する方法を思い浮かべよう。

自分にこう質問してほしい。

Question

「余命六カ月だとしたら、自分の人生をどんなふうに変えたい?」

「あと少ししか生きられないとしたら、もっと時間を費やすことは何だろう?」

「何をやりはじめ、何をやめるだろう?」

「何にのめりこみ、何を避けるだろう?」

「誰と何をして時間を過ごすだろう?」

「経済的問題がないなら、あなたは何を完全にやめてしまうだろう?」

「シンプルに平穏で幸福に暮らすために、まずどんな行動をとればいいだろう?」


あなたの価値観やビジョン、目標のフォーカル・ポイントはどこだろうか。何をして、何をやめるべきかを考えてほしい。

「ノー」と言うことを学ぶ

あなたの生活をシンプルにするには、どんな習慣や言動を実践するといいだろう？たぶん、いちばん身につけやすい習慣は、あなたの価値観や目標と一致しないことをするよう求められたときに「ノー」と言うことである。

「ノー」の一言こそ、もっとも力を発揮する言葉だ。あなたの時間を有効に使えない要求や頼みには、とにかく「ノー」と言おう。そして、あなたの価値観と一致し、心から打ち込める要求に「イエス」と言えばいいのだ。

生活をシンプルにする六つの方法

今日から仕事とプライベートをシンプルにしよう。計画を立て、毎日をシンプルにするための努力をしよう。手始めにこんなことからやってみてはどうだろう。

その1　身のまわりを片づける

仕事を始める前に、身のまわりの仕事スペースをすっかりきれいにしよう。たとえ仕事部屋の床に積み重ねるほどたくさんのものがあったとしても、つねに目の前の机の上だけはすっきりさせておくべきである。

その2　雑誌や書類の山を切り崩して、どんどんゴミ袋に捨てる

六カ月以上前の雑誌のほとんどは、もう読む価値がない。そうした紙の山から得られる情報はクズでしかない。あとで整理しよう。

また、机の脇に寄せて取っておいた資料のほとんどは、二度と見ることはない。倉庫に使う予定のない資料ファイルをためこんでも、けっきょく捨てることになる。わたしたちは、家庭でも、オフィスでも、二度と人の目に触れないものをためこみすぎているのだ。

その3　テレビを消す

まずは音を消してみよう。朝起きたり、夜帰宅したときも、テレビは消したままにしておこう。毎日の暮らしのなかに静かに過ごす時間をもうけるのだ。そうすれば心がリラックスできて、頭もすっきりする。

音を減らす最大の利点は何だろう？

静かな環境のほうが、家族と時間をかけて率直に正直に話をできるのではないだろうか。テレビをつけた瞬間に、すべてのコミュニケーションはストップしてしまう。テレビを消しておく習慣を身につけるだけで、あなたの生活をすばらしく改善させられる。

仕事や人生で成功した多くの人が、家からテレビをなくしてしまったり、別の部屋に移動させたりしている。その結果、彼らは生活を大きく改善し、成功を手に入れたのだ。

その4　車やクローゼット、車庫の整理をする

時代遅れだったり、古い型だったり、不必要だったり、直せないものはぜんぶ家のなかから出してしまおう。なんでもかんでもためこむ暮らしはもうおしまいだ。不要なものは、それを必要と感じている人たちに使ってもらおう。そして、シンプルで洗練され整頓された暮らしを心がけよう。

その5　孤独になる時間をとる

毎日三十分から六十分の時間をとって、ひとりで静かに座り、リラックスしよう。深呼吸して心を軽くし、自由に考えを巡らせよう。

毎日孤独になる時間をもうけるようになると、生活のさまざまなところが改善されることに驚くだろう。孤独になる時間には、仕事やプライベートの方向性をすっかり変えてしまうような深淵で力強いアイデアが思い浮かぶことも少なくない。ともかく一日に何度か孤独になる時間をつくってみてほしい。必ず変化があるはずだ。

その6 具体的に行う行動コミットメントを決める

この章で学んだことをベースにして、何でもいいからやってみよう。生活をシンプルにするために、今すぐ行動を起こすのだ。一度行動を起こせば、無意識のうちに次々と行動せずにはいられなくなる。短期間のうちに、あなたは自分の生活をすっかりコントロールできるようになるだろう。

第4章

思考を
変革せよ

Tap your most
precious resource

成功とは、達成したいと熱望するものに、
あなたの持てるすべての力を集中することである。

——ウィルファード・A・ピーターソン（作家）

思考力は何よりも貴重な力である。何を考え、どう反応するかを選ぶことが、あなたが唯一完璧にコントロールできることだからである。そして、考え、決断し、行動する力が、あなたの人生に何が起きるかを決めている。

シカゴに住む三十二歳の男性、ボブ・シルバーの話をご紹介しよう。彼はわたしのセミナーに参加した一年後、人生が一変したと手紙で知らせてくれた。

episode

思考と行動の変革に取り組んだボブの一年

ボブは太りすぎで失業中。二回結婚して二回離婚し、多額の借金を抱えていた。いつもひどく否定的な考えかたをして、世間の人々に腹を立てていた。

「自分はいつも貧乏くじをひいてばかりだ」「人生は不公平だ、まったく不運続きでついていない」と文句を言ってばかりいた。

ボブが、気が進まないながらもわたしのセミナーに参加したのは、友人から無料受講券をプレゼントされたからだった。

セミナー当日、ボブは腕組みをしてふんぞり返り、「この手のやる気を出させる話は信用しないぞ、嘘っぱちで役に立たないとわかっているからな」という態度で会場にいた。

しかし、「セミナーでのあなたの話が、雷鳴のように頭のなかを走った」と彼の手紙に書いてあった。そのときのわたしの話は、こんな内容だった。

「あなたは、あなた以外の何者でもありません。ありのままの姿でここにいます。ありのままの姿は、ごく自然な姿です。ありのままの姿には、余計な心配ごとがありません。もし、あなたも他の成功者がしたことをやり遂げれば、彼らと同じ成果や報酬を享受するでしょう。しかし、何もしなければ、当然、何も手に入らないのです」

言いかたは違うかもしれないが、おそらくあなたもこうした考えかたは何度となく耳にしてきたことだろう。ボブにとっては、このときがまさに人生の大きな転機になった。

彼は、自分が心から幸せと成功を願っていることに気づいたのだ。そして、他人から尊敬される人間になりたいと思った。しかし、ものごとに対する姿勢がよくないばかりに、知らず知らずのうちに自分自身をだめにしていたことを、はじめて理解したのだった。

「自分の考えかたと言動を変えよう」

そう決意して、ボブはセミナー会場をあとにした。

一年後、ボブはすっかり変わっていた。いい仕事につき、一年で二回昇進していた。体重は十三キロも減った。三度目の結婚をして、新しいマンションで幸せに暮らしていた。家庭でも職場でもいい気分で過ごし、毎日を楽しんでいた。ボブはまさしく生まれ変わったのだ。


ボブの身になにが起きたのだろう?

彼はセミナーのおかげで、過去から何度となく繰り返して発見されてきた偉大なる真実を学んだ。つまり、**「可能性の源泉とは、自分自身の思考にある」**のだということを。

考えたり、計画したり、決定したり、行動を起こす能力こそが、あらゆるすばらしい変化のスタート地点である。**自分の思考をコントロールできれば、自分を取り巻く世界に変化が起こるのだ。**たくましい心を持ち、しっかりと目標の方向づけがなされていれば、あなたは人生に求めるものを手に入れることができる。

今あなたは、自分のなかに計り知れない可能性の宝庫を持っている。一生かかっても、その可能性を使い果たすことはできない。それほど大きな可能性を秘めているのだ。

誰かができたなら、あなたにもできる

若いころのわたしはたいした取り柄もなく、肉体労働をし、一年のうち五カ月は失業中という日々を過ごしていた。学歴もなければ、たいして仕事の経験もない。頼れる人脈もなかった。しかし十九歳のとき、わたしはこんな自分の人生にふと疑問を感じた。

「世のなかに他の人より成功している人がいるのは、なぜだろう？」

それから毎日、わたしはこの疑問の答え探しに熱中してきた。最初にひとつの答えを教えてくれたのが、アリストテレスの論理学における「原因と結果の法則」だ。聖書の言葉で言うと「種まきと収穫の法則」である。サー・アイザック・ニュートンに言わせると、「作用と反作用の法則」だ。この考えかたが、科学や薬・技術・ビジネスの分野での二千年以上にわたる進歩を明確に説明している。

アリストテレスの「原因と結果の法則」は、目の前のすべての結果には、特定の原因が必ずひとつ存在するとしている。つまり、何ごとにもそれが起こる理由があるというのだ。成功は偶然ではなく、失敗も偶然ではない。成功にも失敗にも、特定の原因があるのだ。

なんとわかりやすい理論だろう。さらにこの法則によれば、**あなたが手に入れたい結果があるのならば、以前はその結果を手にしていなかったが、今は手に入れている人を見つけ、その人物と同じことを実践すればいいのだ。**

成功者と同じことをすれば、最終的にはあなたも同じ結果を得ることができる。どんな目標も、あなたより先にそれを達成した人々が、どうやってそこにたどり着いたのかを見つければ、あなたの人生も思いどおりにできるのだ。

わたしは二十三歳のとき、ふとこの考えかたを思いついた。まさしくシカゴのボブ・シルバーが、セミナーでわたしの話を聞いたあと人生が変わったのと同じである。

体格や年齢・人種・性別・学歴は関係ない。あなたも成功者と同じことをすれば、いつかは彼らと同じように成功できるのだ。

哲学者のバーナード・ラッセルは、こう書いている。

「何かをやれるという最良の証拠は、他人がすでにそれをやり遂げたという事実である」

エイブラハム・リンカーンの言葉にも耳を傾けよう。

「誰かが成功をおさめたということは、他の人にも同じことができるという証明である」

新しい情報に直面したとき、偏見を持たず、自分の考えかたを修正できれば、猛スピードで変化する世界で成功する大きな力を得ることができるのだ。

すべての原因はあなたの思考にある

わたしがこの「原因と結果の法則」を説くと、あまりに単純すぎる原理だという理由で、聞く耳を持たない人たちも少なくない。

だが、もっとも効力のある原理はシンプルなものである。だからこそ、誰でもその原理を応用して大きな成功をおさめることができるのだ。

わたしは原因と結果の法則から、**「自分の思考がものごとの原因であり、その結果としての現状がある」**といういちばん重要な教えを学んだ。言い換えると、あなたの考えかたしだいで、あなたの人生の過ごしかたが決まるということだ。

今のあなたの生活は、あなた自身の思考によって自ら手に入れてきたものである。そして、あなたは思考を変えることによって、自分の人生を変えられる。

成功する人は、失敗する人とは違う考えかたをする。もしあなたが成功者の考えかたを身につければ、成功者と同じ成果を味わえるだろう。

長いあいだ、多くの成功者がこんな質問を受けてきた。

「いつもどんなことを考えているんですか？」

たぶん、成功者たちは世界共通の答えを返すのではないだろうか。いつも、自分が欲しいものや、それを手に入れる方法について考えている、と。

反対に成功と縁遠い人は、つねに自分が望まないことについて考えたり話したりしがちである。いつも今抱えている問題や、非難したい相手のことを考えたり話したりしている。

こういう人たちは、自分が他人と同じくらい長時間働いているにもかかわらず、少しも生活がよくならない理由に気づかない。そのうえ、自分が抱える問題について話したり、誰かを非難してばかりいるものだから、さらに状況は悪化する。

「原因と結果の法則」においてもっとも効果的なのは、「あなたは、いつも考えているとおりの人になる」という考えかたである。なんとすばらしい考えかただろう。歴史上の偉大な頭脳の持ち主もこのすばらしい考えの虜になった。

あなたの人生の結果、あなたに起こるできごとは、肯定的であろうと否定的であろうと、建設的であろうと批判的であろうと、そのときどきにあなたの心に浮かぶ考えに左右される。だから、考えかたを変えれば人生を変えられるのだ。

楽観的に考えよ

ペンシルヴェニア大学のマーティン・セリグマンは二十年を費やして三万五千人の男女にインタビューし、いつもどんなことを考えているのかを調査した。その調査結果をベストセラー『オプティミストはなぜ成功するか』（講談社刊）にまとめている。

セリグマンが発見したのは**「成功者は楽観主義《オプティミズム》という資質を持っている」**ということだった。成功する人は、それ以外の一般の人よりもかなり楽観的なのである。つまり、自分自身や他人に対して、いつも精神的に前向きな姿勢を持っているのだ。

あなたがどのくらい楽観的なのかで、あなた自身がどのくらい幸せで、健康で、裕福で、長生きをするかをぴたりと予言できる。

楽観的で積極的であるほどエネルギーに満ち、熱意があふれるようになる。そして体の免疫システムも、病気や感染に対してより強い抵抗力を持つようになるわけだ。

さらに、楽観的であるほど創造力も豊かになる。新しい可能性に目を向け、すばらしいアイデアを思いつき、目標にもっと早く到達できる。

人生のどんな場面においても、もっと楽観的になるべきだ。楽観主義こそ、あなたが身につけられる他のどの資質よりも、未来の成功と幸福を約束してくれる。

七つの楽観的思考法を身につけよ

原則として、あなたはいつも楽観的で積極的な思考を保っていてほしい。はじめは、こうした思考を持ちつづけることは難しいかもしれない。しかし、どんな習慣も繰り返しによって身につけられる。

ある意味、思考力と体力は似ている。もし、肉体的に健康になりたければ、体を鍛えなければならない。筋力をつけるために、複数のトレーニングを組み合わせながら、体のあちこちの部位を鍛えなければいけない。

思考力も同じだ。**トレーニングによって楽観的思考法を脳にプログラムする。すると、自分の身に起こるできごとに対して、いつも積極的な反応ができるようになるのだ。**

以下の7つの思考を意識して毎日実践すれば、積極的で自信に満ちた楽観的な人になれる。そして、もっと多くのことを達成できるようになる。しかも、もっと早く、もっと簡単に。

楽観的思考法1　未来について考える

能力を最大限に引き出すには、つねに将来を意識する「未来志向」の姿勢を保つことが肝心だ。この姿勢は人の上に立ち、大きな責任を担う立場の成功者たちに、ほぼ共通して見られる特徴である。

数多くのリーダーシップ研究において、偉大なリーダーたちに共通する資質を調べると、どの研究結果でも浮かびあがってくるのはビジョンを持っているということである。そう、優れたリーダーはビジョンを持っているのだ。

リーダーというものは、自分自身や家族、会社のよりよい未来像（＝ビジョン）を描いている。彼らは理想の未来を見ることができる人たちなのだ。そして、それを実現するために働くのである。

未来志向の人は、いつも未来について考える。自分がどこにいたかではなく、これからどこに行こうとしているかに思いを巡らせる。変えることのできない過去を振り返るのではなく、数カ月後や数年後に何ができるかを思案する。

残念なことに、本当に未来志向の人は社会全体の一〇パーセントに満たない。大多数の人は第一に目先の楽しみや過去のすでに自分の身に起こったことについて考えるものだ。ある人が未来志向かどうかは、どうしたらわかるだろう？　それは簡単だ。この質問をしてみればいい。

Question

「今から五年後に完璧な暮らしをしているならば、それはどんな生活ですか？」

未来志向の人は、この質問に間髪を入れずに答えられる。未来についての考えを持っていて、今から五年後、自分の生活をどうしたいかがはっきりしているからだ。自分は何が欲しいか、何に向けて努力しているかもわかっている。自分がどこへ向かっているか、なぜそこを目指すのかも明白だ。仕事や収入、家族、ライフスタイル、健康、これから数年先になりたい姿について、心のなかに「明確な理想像」を持っている。

自分自身の思考を促し、よりよい成果を引き出すためには、自分の理想的な生活を思い描いてみるとよい。三年から五年先、ときにはもっと先まで、生活や仕事のあらゆる面での理想像を心に描くのだ。

自分の「夢のリスト」をつくろう。生活や仕事において、将来手に入れたいものをすべ

て書きだそう。夢をはっきりさせておけば、いつかはそこに到達できる。

あなたが既婚者なら、配偶者といっしょに、じっくり時間をかけてこの夢リストをつくろう。そして、「明日、非課税の一千万ドル（約十億円）の現金を手に入れたら、わたしたちは何をするだろう？　どんなふうに生活を変えるだろう？」と自分に質問しよう。

Question

「何でも手に入り、何にでもなれるとしたら、本当に望むことは何だろう？」

理想的な未来を描き、未来像をより明確にするほど、あなたは、ますますそのとおりのすばらしい未来を生みだすことになる。しかも、今想像するよりもずっと近い将来に。

だが、思い描いてすらいない目標に達することはできない。だからこそ、目標ははっきり決めておかなければならないのだ。

さらに実践

五年後のビジョンをつくる

ビジネス界の知恵袋ピーター・ドラッカーはこう書いている。

「わたしたちは、一年でやれることを多く見積もりすぎている。しかし、五年先に実行可能なことは少なく見積もりすぎている」

わたしは戦略的計画立案の企業研修を指導するとき、いつもこんなプログラムから始める。まず、役員たちに今から五年後に自分の会社が完璧な状態になっていることを想像させる。そして、この会社が大々的に報道され、全国紙に記事が載ると想定してもらう。そして、こう質問する。

Question

「あなたの会社が業界最高の企業となったら、どんな記事が書かれるだろう?」


そして、この質問への答えを紙やホワイトボードに書きこむ。五年後の会社のビジョンを二十から三十例書きだすことも少なくない。

つぎに、この答えについて議論を繰り広げ、優先順位を決める。どれが他の案より重要で、どれが重要でないのか決める。どれが社外から取り入れることで、どれが社外に出すものなのか、どれが原因でどれが結果なのかを見きわめる。

最終的に、五年後にこの会社が達成しうる三つから五つのビジョンを全員で決める。

このように**目指すビジョンが明確になったら、つぎに「では、どうやって実行する?」と質問することで、戦略は立案できる。**

「どうやって」とは、あらゆる状況にあてはめることのできる、もっとも重要で強力な言葉のひとつである。一度あなたが求めるものの明確なビジョンを持ってしまえば、あとはたったひとつの質問を自分に投げかければいい。

「わたしはどうやってそれを達成したらいいのか？」と。

「どうやって」と質問していれば、積極的で未来志向の人間にならざるをえない。

「どうやって」という言葉は、あなた自身のなかにある創造性を引き出す。たえず「どうやって」と問いかけることは心のアクセルに足を載せ、個人の才能というエンジンの回転数を急激に上げるようなものだ。

どんな疑問や目標、夢に対しても「どうやって？」と質問すればするほど、ますます洞察力は深まり、アイデアを思いつくようになる。そして、将来のビジョンを実現させることができるだろう。

何よりもすばらしいのは、将来の姿を思い描いて理想を実現させる方法を考えると楽観的で積極的になれることだ。自分のなかに大きなエネルギーと熱意を感じ、自信に溢れ、力がみなぎり、はっきりした動機と意識を持てるようになる。そして、もっと明確に効率よく自分を表現できるようになるのだ。

ある集団が、共通のビジョンを実現しようと全員で誓い、ひとつの意識で結びついたとき、強力なチームが形成される。ビジョンは人々を動機付け、刺激し、高いレベルの成果を出す原動力になる。また、個人や企業の意思決定のガイドや方向指示器の役割も果たすのである。

楽観的思考2　ゴールについて考える

成功した人に共通するふたつ目の思考法は「目標志向」である。

成功者は、ひたすら自分のゴールとそこに到達する方法について考える。それに対して、成功できない人たちは、自分の抱える問題について否定的に考え、他人を批判したり、文句を言ったり、言い訳ばかりしているものだ。

目標志向はものごとを具体的に捉えようとする傾向のことでもある。ゴールについて考えることは、ぼんやりとした将来像のなかから自分が目指したいビジョンを選びとり、そこにたどり着くための具体的な行動を見つけだすことだからだ。

三パーセント。これは、自分のゴールを実際に紙に書いている人の割合を示している。残る九七パーセントの人も願望や希望、夢を持っているが、紙に書きだしていない。

しかし、**ゴール設定の鍵は、紙に書いて考えることにある。成功者は手にペンを持って考えるが、成功を知らない人はペンを持って明確に考えていない。**

ゴールを紙に書けば、自分の目で確認できるし、具体的でわかりやすくなる。それは、あなたの精神に前向きな刺激を与え、気力と持続力をみなぎらせる。ゴールを書くという行為は、あなたがゴールに到達する可能性を大きくしてくれるのだ。

ゴール設定は正攻法である。練習して身につけることのできる確かな技術だ。

一度ゴール設定の方法や習慣をマスターすれば、あなたは人生のアクセルを踏みこむことができる。その後の一、二年で、過去十年よりも大きな進歩を成し遂げるだろう。

いったんゴールを決めて紙に書きだしたら、朝も昼も夜も、いつもそれについて考えよう。そして、ひとつだけ自分に問いかけてほしい。「どうやって？」と。

どうやってそのゴールに到達できるかだけを考えていればよいのだ。「達成できるかどうか」と悩む必要はない。

ゴール設定　七つのステップ

STEP 1　あなた自身が望むことを決める

多くの人がこれをしていない。はっきりと明快にすることが、なにより大切である。

STEP 2　ゴールをわかりやすく具体的に紙に書く

たとえば、「二年後までに収入を五〇パーセントアップさせる」という具合に書けばいい。紙に書かないゴールは、ただの願望にすぎない。

STEP 3　ゴールには締め切りをもうける

締め切りを決めておくと潜在意識に刺激を与え、締め切りに間に合わせようとつねに強く意識するようになる。「十一カ月以内に目標額の半分の収入を手に入れる。そして、二年以内に目標額に到達する」というように中間ゴールも設定しよう。

STEP 4 **やるべきことをすべてリストにする**

ゴール達成のために、やらなければならない活動や仕事を新たに思いついたら、リストに加えよう。リストが完成するまで項目を追加しつづけよう。

STEP 5 **リストを人生設計や仕事の計画に組み込む**

優先的にやるべきことと後回ししてもいいことを決めよう。やるべきことに取り組む順番も決めよう。ゴールを成し遂げるまで、何度でも計画を立て直そう。

STEP 6 **計画を速やかに実行する**

すぐにやろう。とにかくスタートを切るのだ。行動を起こさないばかりに失敗する人は多い。なんともったいないことか。

STEP 7 **毎日何かひとつ行動を起こすと決意する**

こうしていれば、日々の行動が決断力を養い、計画の実行に弾みをつけ、エネルギーを生みだす。毎日行動を起こすという決意が、あなたの人生を変えるのだ。

楽観的思考法3 優れた存在になることを目指す

成功をおさめるための三つ目の思考プログラムは「優秀志向」である。あたりまえの話だが、成功者は優れた行動力で優れた成果を出す人物である。あなたも仕事において優れた存在になり、すばらしい業績を残さなければならない。どんなに努力や犠牲を強いられようとも、どんなに長くかかろうとも、**現在取り組んでいる分野の上位一〇パーセントの人物になることを、たった今決心しよう。**

学歴も目立った業績もないわたしは、長いあいだ自分が何かに秀でる力があるとは思ったことがなかった。たとえ、ときにはうまくやれることがあっても「運がよかっただけ」「偶然だ」としか思わなかった。何かをうまくやり切って、まわりの人から祝福されたときなど、おだてられているに違いないとしか思わなかった。

ところが二十八歳のとき、その後のわたしの人生を変えるあることに突然気がついた。つぎの話を読んでいただければ、あなたの人生も変わるかもしれない。

さらに実践 行列に並びつづければいつか先頭にたどり着く

二十八歳のある日のことだ。ある分野で上位一〇パーセントにいる人も、かつては下位一〇パーセントにいて、そこからのしあがったのだということにわたしは気がついた。今は成功している人も、不遇の時代があったのだ。今は業界のリーディング・パーソンであっても、その職業にすらついていなかったときもあったのだ。

人生はセルフ・サービスのビュッフェの行列によく似ている。人生もセルフ・サービスである。誰かがあなたの人生を持ってきてくれるわけではない。

テーブルについたらナイフとフォークが出てくるわけではない。欲しいものがあるなら、立ちあがって自分で取りにいかねばならないのだ。

人生というビュッフェで欲しいものを必ず手に入れるには、ふたつの段階を踏む必要がある。まず、行列に並ぶこと。もうひとつは、その行列に並びつづけることだ。

一貫性のない気まぐれな行動をしたり、途中で仕事を放りだし、家に帰ってテレビを観たりしてはいけない。いったん列に並んだら、並びつづけよう。毎日新しいことを学んで実践し、前進しつづけよう。

ありがたいことに、人生というビュッフェの行列に並べなくなることはない。このビュッフェは一年中、二十四時間いつでもオープンしている。誰でも行列に並び、並びつづけられるのだ。

どんなに時間がかかってもいい。行列に並びつづけ、日々少しずつ前進していけば、いつか必ず行列の先頭に達し、上位一〇パーセントに仲間入りできる。


自分の仕事で優れた力を発揮するようになったとき、あなたの人生は目を見張るほど急激に変化するだろう。自分に自信が持てるようになり、周囲の人たち全員から尊敬され、高く評価されるだろう。

最高の自分をプロデュースするために重要な質問をひとつあげておこう。

Question
「あなたの職業にいちばん役立つスキルは何だろう?」

これこそ、フォーカル・ポイントである。重要な業務に優れていれば、あなたの将来なりたい理想のビジョンを実現し、ゴールに到達する可能性は高くなる。

あなたにとっていちばん大切で必要なスキルを紙に書きだし、計画を立てて、毎日それを身につけるために努力しよう。今から一週間後、一カ月後、一年後に自分のまわりを見回したとき、日々の生活や仕事面での進歩に驚くに違いない。

楽観的思考法 4　結果に集中する

楽観主義を身につけ、優れた成果をあげるための四つ目の考えかたは「結果志向」である。

成功者は、いつも自分に期待される結果について考えている。重要な仕事のときには、紙に書いて計画を立て、業務の優先順位をつけている。

結果志向の人は、すぐには仕事に取り組まない。まず、やらなければならないことをすべて紙に書き、優先順位と重要度を検討したリストをつくる。そして、いちばん重要な仕事を選び、その作業を完了させることに集中する。その仕事を終えるまでは他に手を出したり、途中で投げだしたりしないで忍耐強くやりとおすのである。

結果志向が強い人は、仕事で高い成果をあげることができる。毎日、何度もつぎの四つの質問を自問自答することが、結果志向の基本である。

結果志向で考えるための四つの質問

質問1　いちばん重要な行動とは何だろう?

仕事にもっとも価値をもたらす行動は何だろう。もし確信が持てなければ、あなたのすべての仕事と責任をリストにして、上司に相談したり、同僚と話しあおう。どんな成果を期待されているのかを明確につかまなければならないからだ。

同時に、「最悪の時間の使いかたは、まったくやる必要のないことを、手際よく片づけてしまうことである」と覚えておこう。

質問2　成果を出さなければならない重要な業務はどれだろう?

どんな仕事でも、優れた結果が求められるのはせいぜい五つから七つの領域である。その領域でどんな結果が求められているのかを理解したら、それぞれにゴールを決めなければならない。そして、毎日ゴールをクリアするために努力しよう。

質問3 貢献度が高く、自分にしかできない仕事は何だろう？

自分がその仕事をうまくやれば、会社と自分自身にとって重要な意味を持つ仕事、そして自分がやらなければ業務が完了せず、代わりにやってくれる人はいない仕事である。さて、それはどんな仕事だろう？

質問4 もっとも価値ある時間の使いかたは何だろう？

これはタイム・マネジメントのいちばん大切な質問である。あなたは毎日毎時間、この質問を自分に投げかけ、答えを探るべきである。これを自問自答することは、仕事において最大限の成果を引き出すための鍵となる。

この質問の答えが出たら、自分がいつでもその特別な仕事に従事していることを認識しよう。その仕事に比べると、他の仕事はすべて時間の無駄だと言える。

突き詰めれば、成果を出すことがすべてである。あなたが出した結果の質と量が、報酬の質と量を左右する。

フォーカル・ポイント、すなわち、他のなによりも価値があって重要である仕事や行動を特定しよう。そして、その仕事に集中して取り組むために、自分自身をコントロールしなければならないのである。

楽観的思考法5　問題解決に集中する

楽観的に考え、優れた成果をあげるための五つ目の思考法は「解決志向」である。つまりつねに問題の解決に集中することだ。

成功できない人は、いつも自分が抱えている問題だけを考え、その話ばかりしている。そんな態度では、さらに否定的で悲観的な考えかたをするようになるばかりで、自分の置かれた状況にだんだん腹が立ってくるだけだ。

しかし、解決方法について考える人は、積極的で、創造的、楽観的な状態でいられる。あなたの名刺の肩書きを消して「問題解決人」と書きこむとよい。それこそあなたの本来のあるべき姿なのである。

腕のいい問題解決人になる鍵は、つねに実行可能な解決方法について考えたり話しあったりすることにある。よからぬことが起こっているときこそ、腹を立てたり、他人を非難したくなったり、弁解したくなる衝動と戦おう。そして、こんなふうに自分に質問するのだ。

Question

「解決方法は何だろう？」

「今何をしようか？　次は何をしようか？」

「どうやってこの問題を切り抜けよう？」

「どうすれば損害を抑えられるだろう？」

「もう一度同じことが起こらないようにするには、どうしたらいいだろう？」

「現在位置から、どちらの方向へ進めばいいだろうか？」


うれしいことに、解決策に集中するほど、複雑な問題の解決方法をうまく見つけられるようになる。なぜなら、**解決方法に注目することによって、何ごとに対しても創造的になり、思考がより高いレベルで機能するようになる**からだ。この仕組みは脳の生理学における画期的な発見のひとつである。

日々の生活の避けられない問題や厄介なできごとに対して、前向きな姿勢で反応できる能力を身につけている人こそ、真に有能な人物である。そんな人物になることを目標にしなければならない。さあ今日から一日中、あなたの問題の解決方法について考えよう。

楽観的思考法6　生涯学びつづける

楽観主義の人たちの六つ目の思考プログラムは「成長志向」である。「あなたが成長すれば、あなたの人生も改善される」という考えかただ。

成長志向の人は、自分自身と自分の未来に注目する。懸命に新しいアイデアや考えかた・技術・方法・戦略を学び、実践しようとする。いつも新しい情報を追い求めているのだ。自分のまわりのあらゆるルートから得られる情報を、まるでスポンジが水を吸うかのごとくすべて吸収している。

NBAコーチのパット・レイリーは、こう書いている。

「あなたがもっとよくならなければ、もっと悪くなるだけだ」

あなたには、まだまだ心の余裕があるはずだ。そして、あなた自身が考えている以上に、多くの分野で卓越した存在になる能力を持っているはずだ。

未来は自分の仕事に優れた力を発揮し、毎日新たな能力を身につけていく人のものである。日々、自分にこう質問しよう。

Question

「自分の存在価値を高めるために、わたしは何ができるだろう？」

あなたが取り組む分野で、頂点に立つための方法をご紹介しよう。**「収入の三パーセントを自分自身に投資する」**という**「三パーセントの法則」**だ。

この法則は、実に不思議な力を持っている！　自分に投資する一ドルごとに、仕事がうまくいって収入が増える。最終的には十ドル、二十ドル、三十ドル、五十ドルと稼ぎ、ときには百ドルになって自分のもとに戻ってくることがある。

あなたにとって、あなた自身がいちばん価値のある資産なのだ。優れた思考力と効果的な行動力は、あなたが使いこなせる知識やアイデアの質と量によって決まる。だからこそ、もっと可能性を広げるために、たえず自分に栄養を与えなければならない。より高いレベルで考えたり行動するために、あなたの技能や能力を高めることに投資して、たえず能力を磨かなければならない。

あなたが成長しつづけるためには三つの鍵がある。

まず、**自分が選んだ専門分野の本を、毎日最低一時間は読むこと**。アメリカでもっとも高給を稼ぐ人たちは、時代に遅れないように、また自分の精神的成長のために、毎日二、三時間の読書をしている。まずは、仕事に役立つ良書を一日一時間読むことから始めよう。

二つ目の鍵は、**車の運転中や移動中にオーディオブックを聴く**ことである。自動車通勤をしている人は、平均すると、毎年五百時間から千時間運転する。車で移動するときにいつもオーディオブックを聴くと、その時間の長さは一年間大学の講義に出席する時間に相当する。これを実践するだけで、あなたは自分が取り組んでいる分野でもっとも情報に通じ、もっとも高給を稼ぐひとりになること請けあいだ。

三つ目の鍵は、**仕事に役に立つ講習やセミナーに参加する**ことだ。受講料が高くても、会場が遠くても、面倒くさがってはいけない。多くの専門家たちが、こんなことをわたしに話してくれた。人生のターニング・ポイントは、わざわざ時間をとってあるセミナーに参加したときにやってきた。そこで自分の考えかたを変えるきっかけになったことを学んだのだ、と。

もしあなたが自分や自分の将来を信じるならば、自分自身や自分の能力に投資をすることだ。また、自分に投資すればするほど、ますます自分自身への信頼が高まるだろう。

いちばん大切な目標に到達するために学ぶ、いちばん大切なテーマについて、毎日考えよう。自分の能力を高める努力を続けよう。この努力しだいであなたの未来が決まることを忘れてはいけない。

楽観的思考法7 今すぐ行動する

七つ目の思考プログラムは「行動志向」である。**「仕事はすばやく終わらせる」という意識を身につけると、今すぐに決意してほしい。**ふだんから緊張感を持って仕事に臨んでいる人は全体の二パーセント未満だが、最終的にトップにのぼりつめるのは、その二パーセントの一部の人だけと言っても過言ではない。

現代は誰もが忙しさに追い立てられている。誰もがいらいらして、ストレスをためている。だからこそ、仕事で早くよい結果を出さなければならない。

あなたが迅速に行動すれば、間違いなく、あなたの仕事は優れていて高い価値があると評価される。早く仕事ができれば、ライバルとの顧客獲得競争で優位に立てるのだ。

さらに、仕事が早いほど、より多くのエネルギーを生み出せる。そして、仕事が早いほど、より多くの経験ができる。経験を積むほど、より早く学べるようになる。

学習の速度が上がるほど、より優れた能力を身につけられる。優れた能力を身につけるほど、ますます収入が増えて、より短い期間で昇進できる。

うまくいっている人の考えかたを身につけよう

成功者は将来について思いめぐらしている。自分の**「理想の未来」**がどんなふうに見えるかを思い浮かべ、想像する。そして、自分のビジョンが現実になるよう努力する。

生産性の高い人たちは**「目標志向」**が強い。欲しいものが決まると、それを紙に書き出し、締め切りをもうけて計画を立て、毎日その計画にそって努力する。

もっとも収入が多い人たちは**「優秀志向」**が強い。他人に対しても、また自分自身に対してもつねに競争意識を持ち、よりよい結果を追求する姿勢を保っている。そして、自分の仕事に大きく役立つ技術をさらに高めるための努力を怠らない。

もっとも成功する人は**「結果志向」**である。自分の仕事に期待されるいちばん重要な成果を得ることに強く意識を集中させる。もっと重要な仕事をより多くこなすことによって、たえず自分自身の価値を高めている。

楽観的な人の多くは成功者だ。彼らは強い**「解決志向」**を持っている。つねに問題の深刻さに頭を悩ませるのではなく、ひたすら解決策について考える。他の誰かを責めたりせず、いつも問題を解決する方法を探し、積極的で創造的、前向きな考えかたができる精神状態を保っている。そのため、問題解決能力がさらに高まる。

自分をつねに磨こうとする人は**「成長志向」**が強い。あなたにとって、あなた自身がいちばん貴重な資源であり、もっとも価値ある資産である。その大切な自分に投資すればするほど、金銭的にも満足度の面でも、より大きな見返りを手にするだろう。毎日自分を磨き、人生やビジネスの激しい競争に立ち向かっていこう。

最後に、仕事やプライベートでは**「行動志向」**が大切である。重要な仕事はぐずぐず先送りせずに、今すぐ取りかかろう。そして、いつも自分にこう言いつづけなければならない。「今すぐやろう！　今すぐやろう！」

こうして自分の心を完全にコントロールし、あなたが欲しいものや、どうしたらそれが手に入るかを集中して考えつづければ、他のことをするよりも、より早く確実に前進できるのだ。

第5章

戦略的に人生を設計せよ

Practice personal strategic planning

限られたターゲットに
全エネルギーを集中させることほど、
人生に力を与えるものはない。

——ニド・キューベイン（ビジネス・コンサルタント）

これからお話しする「戦略的な人生設計」とは、今あなたがいる地点から、これから行きたい場所に行くために使う道具である。

戦略的人生設計を人生の中心に据えて活用することと、計画性のない〝なすがままの人生〟を過ごすこととは、自動車と自転車ぐらいの違いがある。

両方ともあなたをA地点からB地点に運んでくれるという点では同じなのだが、自動車のほうが、圧倒的に速く確実に目的地に着く。

戦略的人生設計は体系的な思考法であり行動法である。そのため、タイプを打ったり、車を運転することを学ぶのと同じように、学習することができるスキルだ。

練習を怠らなければ、この先、あなたは戦略的な思考や行動のリズムを体で覚え、人生や仕事を劇的に改善することができるようになるだろう。

episode

二日間の戦略立案で飛躍的に業績を伸ばした若手経営者たち

数年前、わたしはニューヨーク証券取引所に上場したばかりのある企業の役員向けに、二日間、戦略的な企業経営についての講義をした。当時、この会社は急激に業績を伸ばしており、経営幹部たちは並々ならぬ野心と気迫で事業を展開させていた。

ところが、それまで社長以下誰ひとりとして戦略的な経営方針を立てたことがなかった。会社の中枢にいる人は、ほとんどが二十代後半で、彼らは企業戦略という考えかたそのものを信用しておらず、そんなことを学ぶのは時間の無駄だと思っていた。

自分たちは何をやる必要があるのかわかっているし、だからこそ現実にとてもいい仕事をしているではないか、というのが彼らの言い分だった。

二日間、わたしは彼ら自身や彼らのビジネス・市場・将来について、つぎつぎと質問を投げかけ、答えてもらった。彼らは議論するうちに、自分たちの成功は、幸運といい市場に恵まれたおかげだということにすぐに気づいた。そして、運に頼りつづけるのは無謀だと悟り、真剣に戦略的ビジネスモデルに取り組んで、翌年の目標と計画を立てた。

このあとの話には驚くばかりである。それから一年と経たないうちに、売り上げは前年の七千五百万ドルから、目標の一億ドルをはるかに超える一億二千五百万ドルに到達したのだ。
幹部全員で戦略的企業経営に費やしたあの二日間がこのすばらしい成功につながったと、のちに彼らは語っている。

戦略が時間と費用を節約する

適切な戦略によって、企業は膨大な時間と資金を節約することができる。

戦略を立てることは企業経営の基本だ。目指す結果から逆算して、目標達成に向けてやるべきことを見つけ出すことは企業経営においては欠かせない。**戦略を立てると、目標達成に貢献しない仕事は減っていく。そのため収益率が高くなるのだ。**

戦略的企業経営の目的は自己資本利益率を高めることだ。自己資本《エクイティ》とは「その企業に投資され運用される株主の資金」である。

ビジネスにおいて企業戦略を立てる意図は、投下資本に対する収益リターンを最大化するために、企業活動の再編成をすることにある。つまり、企業が人材や資金をもっと効率的に使えるようになることが企業戦略の目的である。

戦略が機能するようになると、会社が効率的に機能するようになり、他社との競争でもより優位に立てるようになる。こうなれば売り上げは伸び、市場でのシェアは拡大し、利益率が高まり、投下資本に対する収益が増えて、業界の有力企業への道が開けるのだ。

人生設計も戦略的に

個人の戦略的人生設計は、企業の戦略と似ている。企業戦略では自己資本《エクイティ》に対する収益率を高めることを目的にするのと同じように、個人の戦略的人生設計は、人生や仕事への投資による収益を増やすことが目的になる。要するに「人生の収益を増やす」ということが目的である。

個人の自己資本《エクイティ》を構成するのは、仕事に投資する精神力と体力である。あなたが仕事に投資する精神力と体力に対して、できるだけ高い収益をあげることを目標にしなければならない。また、自分自身にどれだけ投資するかも、あなたの収入を左右することになる。これは戦略的な人生設計のフォーカル・ポイントである。

今、あなたが仕事や日々の暮らしで思ったとおりの結果を得ていないのなら、戦略的な人生設計に立ち返えるときだ。失望や不満を感じるのは、腰を落ち着けて戦略的に取り組

むべきだという合図である。

周囲からの抵抗や圧力に気づいたときや、懸命に働いても報酬が少なくなるばかりとわかったときは、客観的に自分の戦略を見直すことを検討しよう。

戦略的人生設計のための七つの質問

戦略的に計画を立てるときに重要な七つの質問がある。

あなたの生涯のキャリアを通して、何度も繰り返して、この七つの質問を自分に問いかけてほしい。ときには、新しいアイデアが浮かび、そのおかげであなたの事業や人生がすばらしい方向に変わることもあるだろう。

たえずこの質問をすることによって、将来の新しい目標や新しいフォーカル・ポイントが見つかるはずだ。

【質問1】「あなたの仕事は、どんな仕事だろうか？」

あなたは、どんな事業に携わっているのだろう？　顧客や会社のために何をしているかという点で事業を説明しよう。

できるかぎり事業の定義を広くしよう。そうすれば事業範囲が広がり、成功の可能性のある仕事が増える。

たとえば、多くのインターネット会社は、自社を〝情報を提供するプロバイダー〟だと定義する。ところが、現実にはインターネット会社も他の多くの企業と同じように、製品やサービスを売って利益をあげなければ、企業として成り立たない。

あなたの製品やサービスが他人の生活や他社の業務にどんな影響を与えるかを考え、その内容から自分の事業を定義しよう。そして同じように、あなたの顧客や上司、同僚に与える影響から、あなた個人の仕事を定義しよう。

そして、いったん今取り組んでいる仕事すべてを白紙に戻し、こう質問しよう。

Question

「今、やめる（または減らす）ほうがいい仕事は何だろう？」

ピーター・ドラッカーはこう述べている。

「明日の計画を立てることは、昨日から脱却することである。新しいことを始める前には、古いことを捨てなければならない」

未来を創ることは、過去を払拭することである。

［質問2］

「今の状況が変わらなければ、将来どんな仕事をしているだろうか？」

今から一年先、二年先、三年先に、あなたは何をしているだろう？　今の仕事を続けるのが賢明な戦略だろうか？　それとも、何か変化する道を探すべきだろうか？

Question

「あなたはどんな仕事をしたいのだろう？」

まず自分自身を見つめよう。自分の才能・能力・野心・気力を見つめよう。特に、あなたが心の奥底からそれに関わりたいという気持ちを大切にしよう。

Question

「あなたはどんな仕事ができるのだろう？」

あなたの知識やスキル（あるいは、あなたの製品やサービス・業界・市場）に劇的な変化があったとする。そのとき、あなたはどんな仕事ができるだろうか？

将来やりたい仕事をするために、今どんな変化を起こさなければならないだろうか？

あなたが将来の理想像と思っている生活と仕事を手に入れるためには、あなた自身がどんなふうに変わらなければならないだろう？

【質問3】「あなたの顧客は誰だろうか？」

あなたが仕事で生き残って成長するためには、誰を満足させなければならないだろう？

最初の顧客は上司である。なんといっても、あなたの評価を決める人なのだから。まずは、職場で上司の要求を最低限満たしているかを確認することが大切だ。

あなたの成功を左右する人は、すべてあなたの顧客と思っていい。この定義からすると、同僚や部下も顧客である。

では、社外の顧客は？　あなたが作ったものを使うのは誰だろう？

顧客の満足度が仕事の成功を決定するのだから、顧客を正確に見分ける能力は、仕事で成功するためのフォーカル・ポイントである。

Question

「顧客はあなたの何を評価するだろう?」

あなたの製品やサービスを使うことに、具体的にどんな利点があるだろう?

完全に満足するために、顧客はあなたに何を求めているのだろう?

あなたの製品は顧客の生活や仕事をどのように変え、どのように改善するだろう?

二十一世紀は、顧客の時代と言われている。お客さまは神さまである。大切な顧客を見きわめて満足させる力が、成功し恵まれた人生を送るためには欠かせない要素なのだ。

Question

「将来、誰が顧客になるだろう?」

あなたが手がけている分野で頂点にのぼりたければ、誰を顧客にするべきだろう?

提供する製品やサービスを変えたら、誰が顧客になってくれるだろう?

どうやったら、その顧客を満足させる力を強くすることができるだろう？

さらに実践

ときには顧客を切り捨てよ

Question

「顧客の中に、できれば顧客にしたくない人はいないだろうか？」

この質問に正直に答えることは、業績低迷から抜け出すためにとても大切である。

今日、多くの企業が自社の上得意客を分析している。価値の高い顧客のグループと低いグループに、顧客を分類しているのだ。そして、企業はもっとも価値の高い顧客グループへの営業活動や、このグループに入る新たな顧客を獲得することに力を注いでいる。それと並行して、価値の低い顧客にかける時間は減らしている。それとなく他社との取引を勧めることも多い。

起業家として成功したわたしの友人が、自社の顧客を分類する基準に八〇対二〇の法則をあてはめた。つまり、売り上げと利益の八〇パーセントに貢献する上位二〇パーセントの顧客を選り分けたのである。

そして、収益の二〇パーセント以下しか貢献していないが、顧客数全体の八〇パーセントを占める顧客を〝切り捨てる〟ことにした。彼は、自分よりもっといい条件を提供できるであろう同業他社に、一件ずつ自社の顧客を引き継いだ。そのうえで価値の高い顧客に、すべての注意を向けたのである。

一年と経たないうちに彼の事業は成長し、収入も倍増した。この戦略はあなたの役に立つのではないだろうか？

【質問4】「あなたが人よりうまくできる仕事は何だろう？」

戦略的な人生設計において、これはとても重要な質問である。

あなたの仕事でいちばん重要な業務をうまくこなせれば、確実にその仕事で成功できる。仕事や収入にプラスの影響を与える得意分野を選び、その分野については誰よりも専門的になることに全力を注ごう。

『コア・コンピタンス経営』（日本経済新聞社刊）で、経営コンサルタントのゲイリー・ハメルはこう指摘している。

上位企業というものは、五年先の顧客や業界の姿を想定し、そのとき業界を支配するのに必要な中核企業力《コア・コンピタンス》となる力を強化している。だから、想定していた未来がやってきたら、確実に市場の主導権を握れるというのだ。

あなたもこの戦略をまねしてみよう。

Question

「三〜五年後に業界の上位二〇パーセントに位置するために必要なコア・コンピタンスとは何だろう？」

「今のあなたと将来あるべき姿のあなたとは、どこが違うのだろう？」

「未来の市場を勝ち抜くために、あなたはどんな力を身につければいいのだろうか？」

将来のために必要な力を身につけることをゴールにして計画を立て、今日から毎日そのために努力しよう。

【質問5】成果の八〇パーセントをもたらす上位二〇パーセントの行動は何だろう？

八〇対二〇の法則を応用すれば、目に見える成果を手に入れられる。

今取り組んでいる仕事のうち、コストや労力に対し、いちばん成果や報酬が多い仕事は何だろう？

そういった効率のいい仕事をもっと増やしていくには、仕事をどのように整理すればいいのだろうか？

［質問6］何がゴール達成の制約となっているのだろう？

戦略的人生設計のための六番目の質問である。

どんな仕事でも、現況と将来到達したい結果のあいだには、いくつもの段階がある。たいていこれらの段階のなかに、目標に到達するスピードを左右する制約や障害になるものがある。

もしあなたのゴールが収入を倍増させることなら、現在の収入額を希望する収入額にするために、今とは違う働きかたを見つけることが先決だ。つぎにその働きかたのひとつひとつを吟味して、あなたがいつ収入の目標額に届くかを左右するいくつかの要素を決めよう。

そして、自分に質問しよう。

Question

「なぜ、わたしはまだ目標に達していないのだろう?」

収入を倍増したければ「なぜ、まだ二倍の金額を稼いでいないのだろう」、家族や友人と過ごす時間を増やしたければ「なぜ、まだ実行していないのだろう」と質問するのだ。

この質問への答えを見つけると、あなたを制約している要素がわかる。

ここでの大切なポイントをお伝えしておきたい。

到達したいゴールからあなたを遠ざけている制約の八〇パーセントは、あなた自身のなかにある。残る二〇パーセントの制約だけが外部にある。会社が目標に到達できない場合、その理由の八〇パーセントは社内にあるのだ。

現状より収入を多くすることができなかったり、自由な時間を増やせない理由の八〇パーセントは、あなた自身の習慣や信念・姿勢・意見・スキル・能力に潜んでいる。大きなことをやり遂げたければ、つねに自分自身を見つめ直すことから始めよう。まず、自分にこう質問してほしい。

Question

「わたしの中にある制約とは何だろう？」

自分で自分をコントロールしよう。あなたは、自分の言動に、計り知れない影響力を持つことができるが、ふつう他人には、わずかな影響しか与えないものだ。だからこそ、自分自身を見つめることから始めよう。

【質問7】すぐに実行できる具体的行動とは何だろう？

さあ、七番目の質問だ。

戦略的思考や計画の目的は、現状よりさらによい成果を生みだすような次の行動を選ぶことである。さて、それはどんな行動だろう？

戦略的人生設計のための質問

ここから先は、あなた自身の人生設計のために、自問自答してほしい質問をいくつか追加しておこう。

Question

「魔法の杖をひと振りすれば、どんな人生も、どんなものでも手に入るとしよう。さあ、あなたは何を手に入れたいだろう？」

「あなたの理想のライフスタイルとはどんな生活だろう？」

「完璧なスケジュールを決めるなら、それはどんなものになるだろう？」

「何をしているときがいちばん楽しいだろう？」

「どんなときに最高に幸せな気分だろう？」

「余命六カ月だと知らされたら、あなたは何をするだろう？」

「絶対に失敗しないとしたら、あなたはどんな目標を持つだろうか？」

これらの質問に正直に答えると、自分が何者で、何を手に入れたいのかを、はっきりと知ることができる。できるだけ早くやめるべきなのに、ずるずると関わっていることにも気づくだろう。さらに、もっと手がけるべき仕事や、新たに身につけるべき生活習慣があることもわかるだろう。

人生の七分野で戦略を立てよ

戦略的人生設計においては、人生を七つの分野に分けるとよい。こうして分類すると、それぞれの分野で何を手に入れたいのか、欲しいものを手に入れるために何をしなければならないのかが、はっきり見えてくる。

1　仕事

成功し、仕事に満足し、専門分野のトップの人材でいるには、どうすればいいだろう？

2　家庭生活

仕事の成功とプライベートのバランスをどうとったらいいだろう？

3　資産

資産を計画的に管理し、経済的自立を実現するにはどうすればいいだろう？

4　健康と体力

どうしたら体力と気力を高め、心身ともに健康でいられるだろう？

5　個人的成長

充実した人生を送るために欠かせない知識やスキルは何だろう？

6　社会や地域

注目を浴び、語り継がれる存在になるには、どんな人生を組み立てるとよいだろう？

7　精神的成長・心の平穏

ひとりの人間としてすべての可能性を実現するには、どのような精神状態を保ち、どのような考えかたをすればいいだろう？

各分野について、十段階の成績をつけよう。いちばん低い成績をつけた分野で、あなた自身がプレッシャーや不安を感じていることに気づくはずだ。こうして苦手な分野を把握すれば、それをコントロールするために必要な具体的な方法を決めることができる。

フォーカル・ポイントを明らかにする七つのステップ

それぞれの分野においてのフォーカル・ポイントを明確にするためには、つぎの七つのステップを踏むとよい。この七ステップをマスターすれば、確実にフォーカル・ポイントを見定めて、人生や仕事の戦略を立てることができる。

STEP 1 **価値観を明らかにする**

それぞれの分野で、あなたがもっとも大切なことは何だろう？

STEP 2 **ビジョンを明らかにする**

それぞれの分野で、あなたが五年後には完璧な人生を送っているとする。さて、それはどんな人生だろう？

STEP 3 **ゴールを決める**

ビジョンを実現するために、具体的に何をゴールとすればよいだろう？

STEP4 **必要な知識やスキルを明らかにする**

ゴールに到達するには、何について優れた人物になる必要があるだろうか？

STEP5 **身につけるべき習慣を明らかにする**

ゴールを達成できる人物になるには、どんな思考や行動を習慣にする必要があるだろう。

STEP6 **毎日の日課を決める**

ゴールの達成に向けて、毎日実践しなければならないことは何だろう？

STEP7 **具体的行動を決める**

理想の未来を実現するには、今すぐどんな具体的な行動をとればいいだろう？

本書を読み進めるうちに、自分がそれぞれの分野で何を達成したいのかが、はっきりと見えてくるだろう。そして、あなたの人生に力強い積極的な変化をもたらすために、すぐに取り組める具体的な活動を見きわめられるようになるだろう。

あなたの人生は、あなたの考えかたしだいで決まる。自分自身に人生についての適切な質問を投げかければ、より適切な答えを出せるようになる。

そして、人生の成功につながる考えかたができるようになれば、あなたの言動のすべてにこれまで考えられなかったほどのすばらしい変化が生まれる。

つまり、どれだけ充実した人生にできるかは、すべてあなたしだいなのだ。

第6章

主体的にキャリアを築け

Supercharge your bussiness and career

あなたはやりたいことを何でもできる。
欲しいものを何でも手に入れられる。
何でもなりたいものになれる。

——ロバート・クーリエ（作家）

かつては一度就職すると、ほとんど転職することなく、生涯その仕事を続けたものだ。しかし、そんな時代はとうに終わった。今就職している人の七〇パーセント以上が、二年以内に別の仕事についていてもおかしくはない。

ここで三つ予言しておこう。

〈1〉今、あなたが働いている業界で劇的に変化が進むだろう。
〈2〉かつてないほど業界内の競争が激しくなるだろう。
〈3〉過去に例がないほど、さまざまなビジネスチャンスが増えるだろう。

わたしたちは、食べていくためにもはや企業に頼ることはできない。企業に寄りかかっているばかりでは、仕事で長期的に成功するために自ら責任を取ることはできない。とにかく会社を頼りにせず、自ら考えて行動しなければならない時代である。

第1章で述べたように、あなたは、あなたという従業員一名の企業の社長である。実際にあなたに給料を支払っているのが誰であろうと、あなたは自分という社員を雇っている企業の社長だと思わなければならない。誰かのために働いていると考えるのは間違いである。あなたは自分自身のために働いているのだ。

このように**自分自身を独立したフリー・エージェントだと見なすことに、仕事で成功する鍵が隠されている。**あなたは日々、自分の価値を高める方法を探しつづけ、将来を設計しなければならない。
思いどおりの未来を手にするためにやるべきことをはっきりさせておこう。そうすれば、思い描くとおりにゴールを達成する見込みを高めることができる。

仕事とキャリアの価値観を決めよ

個人も企業も、ビジネスで成功をおさめる出発点は「価値観の明確化」にある。

幸せで満ち足りた瞬間とは、心の奥にある信念や価値観と、現実の生活とが一致したときにあなたに訪れる。

高い成果をあげる人は、自分が信じることや意図することを自覚していて、これらの価値あるものから目をそらすことはない。

逆に、幸せに恵まれず、目標を達成できない人は、自分が大切にするべきものを理解しておらず、何をしたらいいのかを決められない場合が多い。そのためたいていの場合、自分の大切なものを台なしにしてしまい、ストレスを抱えることとなる。

自分の価値観を自分自身の行動で説明しよう。口に出して言うのではなく、本当に信じているものは何なのか、自分自身や周囲の人に行動で示すのだ。

人間はピンチのときこそ本来の人格が表に出る。そして精神的に追いつめられると、自分にとっていちばん重要な価値あることを選ぶ。

あなたの価値観は、ピラミッド型のヒエラルキーの階層に組みこまれている。さまざまな価値観が幾重にも層をつくっているのだ。上層にいちばん価値が高いもの、つぎに二番目に価値が高いもの、そのつぎに三番目に価値が高いものといった形で構成されている。

たとえば、まったく同じ三つのことに価値を置いているジョンとジムというふたりの人間がいるとしよう。「家族」「健康」「仕事上の成功」が、このふたりにとって大切なものである。

ところが、ジョンとジムでは三つの優先順位が違う。

ジョンにとって、いちばん大切なのは「家族」だ。つぎに「健康」「仕事上の成功」の順番である。ところがジムの場合、まず「仕事上の成功」が大切で、つぎに「家族」、最後に「健康」の順だ。

友達になるなら、どちらがいいだろう？

答えは明白だ。価値観の選択が人格や個性を決めるのだから、あなたと優先順位が近いほうを友人にすればいい。

人の価値観は、その人がやりたいこと、やりたくないことを決定する。大切にすることの優先順位が、その人の運命を形作る重要な要素になるのだ。

わたしたちは周囲からの影響を受けながら、若いうちに自分の価値観を身につける。いいロールモデルを身近に見ながら成長すると、成功してよりよい人生を送れるような価値観を身につけることができる。価値観とその優先順位がはっきりしていれば、人生の重要な決断を迫られたとき、容易に決断をくだせるのだ。

身近によい手本となる存在がいなくて、よい価値観を身につけないまま成長すると、成功を手に入れることは難しい。それどころか自分が信じること、目指すことを見つけられない大人になってしまうこともありえる。

Question

「あなたの価値は何だろうか?」

「あなたは何を信じているのだろうか?」

「あなたは何のために働くのだろうか?」

「あなたは何のためには働かないだろうか?」

「あなたの信念、行動原理とはどのようなものだろうか?」


これらの質問に正確に答えることが、幸福や仕事の成功を手に入れる決め手となる。現在の行動をじっくり見つめ、自分が尊重する価値観とどれだけ一致しているかを判断しよう。そして、将来どのように行動するかを決めよう。あなたがもっとも重要だと考えている価値観とその行動がどのくらい結びついているかを確認しよう。

仕事上、何よりも重要だと思っている価値観をひとつ選びだそう。そして、これを行動や決断のフォーカル・ポイントにするのだ。あなたのすべての言動が、この価値観に矛盾しないように心がけてほしい。

仕事とキャリアのビジョンを明確にせよ

ここから先、何もかもが完璧な状態で理想的な仕事をしたと想像しよう。そうしたときに、あなたの五年後はどうなっているかを想定しながら、つぎの質問に答えてみよう。

Question

「五年後の理想の仕事や地位はどんなものだろうか？」

「多くの時間をどんなことをして過ごしているだろうか？」

「収入はどのくらいだろうか？」

「どんな人と一緒に働いているだろうか？」

「どのくらいのレベルの責任を負っているだろうか？」

「どんな会社や業界で働いているだろうか？」

「あなたの仕事仲間や同僚は、あなたをどんな人だと思っているだろうか？」


まず将来の理想像を思い描き、どうすれば現在の自分が理想の姿になれるかを考えよう。五年先の自分の理想の姿を想定して、それまでの五年間に何をやればいいのか、ひとつひとつ段階を追って考えてみよう。

さらに実践

あなたの仕事上のミッションとは？

ビジョンを固めたら、つぎのステップは仕事上のミッションを練りあげることだ。**ミッションとは「数年のうちにあなたが達成したい理想の状態」である。**ミッションは達成が予測できるものでなければならない。

あなたの価値観に基づいたミッションを紙に書いておけば、客観的な第三者でも、実際にあなたがそのミッションを達成したかどうかを見きわめられる。


ミッションを紙に書くときは、ごく短くわかりやすくまとめよう。


何年ものあいだ、AT&Tの企業理念は「すべてのアメリカ人につながる電話を目指そう」だった。コカ・コーラの企業理念は、昔も今も「ペプシをぶっつぶせ！」である。一方、ペプシ・コーラの企業理念は「コークをぶっつぶせ！」だ。

おそらく、二十世紀でもっとも有名なミッションは、第二次大戦中、ジョージ・C・マーシャル将軍から、連合軍の指揮をとったドワイト・D・アイゼンハワー将軍に伝えられた命令である。

「ロンドンに進め！　ヨーロッパに乗りこめ！　ドイツをやっつけろ！」

あなたの仕事のミッションは、たとえばこんなふうにまとめられないだろうか。

「誠実、高品質、顧客サービスというわたし自身の価値観に基づき、誰よりもうまく顧客のお世話をする。その結果、一年に十万ドル以上を稼ぎ、同業者の上位一〇パーセントとなっている」

さらに実践

ビジョンや価値感と行動を一致させる

価値観やビジョン、ミッション、目的を一度決めたら、一日二十四時間、それに矛盾しないよう仕事や生活を組み立てよう。あなた自身が決めた価値観やビジョン、ミッション、目的と矛盾しない生活を送れば、あなたの行動指針は周囲からも理解されるはずだ。

誰かがあなたの同僚に、あなたの現在の行動からわかる価値やビジョン、ミッション、目的は何だと思うかを質問したとしよう。あなたの同僚はどう答えるだろうか？

言い換えると、同僚たちはあなたのことをどう思っているだろう？

毎日一緒に働いている人たちは、あなたの人間性やあなたが信じている価値を、どのように評価するだろう？

こんなふうに自分に問いかけることを忘れてはいけない。

仕事とキャリアのゴールを定めよ

ゴールとは、将来のビジョンを実現するための大切な目安である。あなたの仕事のゴールを考えて、詳しく、そしてわかりやすく紙に書こう。

努力すれば達成できる具体的なゴールを定めることが大切だ。そして、ゴールを達成するための計画やスケジュールも一緒に記入しておき、それに沿って毎日努力しよう。

また、それぞれのゴールの達成基準値を決めておかなければいけない。この数値が決まっていれば、ゴールに近づいているのか遠ざかっているのかが、すぐにわかる。

達成基準値は、「ゴールにどのくらい近づいているのか」「効果をあげているのか」を評価する尺度である。この数値を具体的に決めておくと、それがあなたの仕事のフォーカル・ポイントになる。

誰にとってもいちばんわかりやすい達成基準値となるのは「年収」である。もうひとつは毎年の「収入の増加率」だ。過去二年間に何度昇進したかなども基準にできる。業界内の同業者と比べて、あなたがどのくらいの位置にいるのかも達成基準になるだろう。

Question

「あなたの仕事の達成基準は何だろう?」


日々の成功をどうやって確認すればいいだろう?

まずゴールを紙に書き、ゴールを達成するための計画を立てて、毎日その計画に沿って行動しよう。そして、定期的に進歩をチェックできる明確な基準を必ず持とう。その基準が、あなたのフォーカル・ポイントになる。

仕事の知識とスキルを高めよ

あなたがゴールに向かって前進していないときは、後退しているのだと思うべきだ。

これから数年のうちに業界を引っぱっていく人材になるために、身につけなければならない能力は何だろう？

どのようにしてこの能力を身につければいいだろうか？

成功するキャリア　四つのキーポイント

あなた自身の価値を高め、効果的に売りこみ、キャリアをすばやく前進させるために、以下の四つのキーポイントをおさえてキャリアを築くとよいだろう。

キーポイント1　**専門性を高める**

仕事で長期にわたって成功するためには、専門にする分野を持つことが欠かせない。さて、あなたの専門は何だろうか？

これは、会社や顧客にとって重要な価値を持つ仕事に、あなたの才能や能力を集中させる能力でもある。

キーポイント2　**差別化する**

これは、自分と他者との間に距離を取る手段である。ある分野で高品質の仕事をこなせるとアピールできれば、ライバルより一歩先を行くことができる。

企業が生き残るために競争優位に立てる得意分野を持たなければならないのと同じように、あなたも少なくともひとつは得意な分野を持とう。

もし、ひとつも見当たらないなら、今すぐつくらなければならない。自分の能力と会社や顧客の要求の両方を考慮して決めよう。

キーポイント3 **顧客を細分化する**

これは、もっとも早く、もっとも多くの利益を生みだす人や組織を判断する力である。顧客を細分化し、そのなかでいちばん重要な顧客をはっきりと分けよう。そして、その重要な顧客を優先的に満足させると決めよう。

キーポイント4 **重要な顧客に集中する**

これは、特定の個人や企業に集中して、製品やサービスを提供する力である。

専門性、差別化、細分化、集中という四つの戦略は、すばらしい成果に到達するために欠かせないフォーカル・ポイントである。まずは自分にこう質問しよう。

Question

「キャリアにもっとも前向きな影響を与えるスキルは何だろう？」

質問の答えを紙に書き、期限を決めて計画を立て、そのスキルをしっかり身につけるまで努力しよう。これこそ仕事で成功するための現実的な手段である。

有益な行動を習慣化せよ

誰もが何らかの習慣を持っている。ただ残念ながら、その多くは悪い癖でしかない。「ぐずぐずする」とか「食べすぎる」といった習慣は役に立たず、生活を向上させることはない。

有能な人は、「時間管理をする」「自己を律する」「一点に集中する」「やるべきことをやり遂げる」「注意深く考える」といった習慣を身につけている。

繰り返し訓練すれば、あなたもこういった習慣をすべて身につけられる。そうなれば、間違いなくもっと早くゴールに近づくことができるのだ。

どんなことでも何度も繰り返せば、いつかは身について新しい習慣となる。

ハーバード大学教授のウィリアム・ジェイムズは、こんなふうに説明する。

「あなたが望む習慣をすでに身につけているかのようにふるまい、何度もその行為を繰り返したとき、あなたのなかにその行為とぴったり一致する習慣が形成される」

望む習慣を身につけるには、その習慣をすでに身につけているかのように行動すればよい。そうすることで、行動を起こすたびに少しずつその行動が習慣として身についていく。

あなたがやらなければならないのは、大切な価値観と一致する行動を選んで、それを習慣として身につけることだ。そして、呼吸をするのと同じくらい自然に感じられるようになるまで、毎日その行動を繰り返すことである。

具体的行動スケジュールを決めよ

成功する人としない人を隔てる大きな壁は、すぐに行動するかどうかである。どんなゴールを目指すにしろ、とにかく行動を起こすことが大切だ。ゴールに到達するために、いちばん役に立ち、毎日実行できる行動をひとつ選ぼう。

そして、つねにこんなふうに自問しつづけよう。

Question

「わたしにとっていちばん価値ある行動は何だろう?」
「わたしは何をやり遂げるために雇われたのだろう?」
「わたしだけができる前向きな変化を生みだす行動は何だろう?」
「今、いちばん価値のある時間の使いかたは何だろう?」

ハイレベルな成果と生産性を達成し、それを継続するために、こうした質問でフォーカル・ポイントを見つけよう。

仕事とキャリアの行動コミットメントを決めよ

最後に、確実にゴールに到達するための原則を、もうひとつあげておこう。

それは行動コミットメントを決めることである。あなたはゴールを達成するために、具体的にどんな行動を起こすつもりでいるだろう?

何らかの行動を起こす人は、百の考えを学んで何も行動に移さない人よりも、はるかに価値ある人材である。

仕事の可能性は無限だ

仕事の可能性には限界がない。合衆国だけでも十万種類以上の仕事があり、この数は新たに情報が増えたり、科学技術が進歩するたびに倍増している。

自分が何者であり、何を手に入れたいのかを明確にして、誰よりも仕事に心血を注ぐなら、あなたは何でもやり遂げられる。目の前にひらかれているチャンスは無尽蔵である。

第7章

プライベートを充実させろ

Improve your family and personal life

公的な生活でどんなに成功しても、
家庭での失敗を補うことはできない。

——ベンジャミン・ディズレーリ（政治家・小説家）

人生の幸福は、職場や家庭やプライベートで、自分以外の人とよい人間関係を築くことから生まれる。『EQ——こころの知能指数』（講談社刊）の著者ダニエル・ゴールマンによると、知力や教育、経験よりも、社交性が人生の成功に大きく影響するという。**すばらしい人生を送りたいなら、人間関係を重視しなければならない。**そして、他人とうまくつきあえるようになるかどうかは、すべてあなたしだいだ。

社交性は後天的なものであり、あとから身につけることができる。あなたも、努力しだいで人好きのする個性の持ち主になることができる。そうすれば公私の人間関係を改善させ、ひいては生活のあらゆる面を改善できるだろう。

プライベートな生活の価値観を明らかにせよ

もっとも大切な価値観に沿って人と接しているとき、あなたは自分の心のなかにその価値を感じることができる。このとき、あなたは幸せを感じ自信がみなぎるはずだ。そして、これまでになく心が穏やかで満足している。その結果、あなたはまわりの人たちと以前よりいい関係を保てるようになる。

本書の前半で、「自分があと半年しか生きられないとわかったら何をするか」「どうやって時間を過ごすか」を考えてほしいと書いた。この質問を真剣に考えてくれた人は誰もが、ほぼ同じ結論に達する。

「死ぬまでの限られた時間は、できるだけ自分がいちばん愛している大切な人と過ごすだろう」と誰もが答えるのだ。自分がもう長くないとわかったとたん、物欲や金銭欲はなくなるようだ。

作家のF・スコット・フィッツジェラルドが、かつてこう書いている。

「一流の知性とは、同時にふたつの相反する考えを持ちつつ、さらにその両方を機能させつづける能力である」

禅には二十四時間以内に命がつきると予想する一方、百年間の生に思いを巡らす修行がある。このふたつの考えを同時に持つ能力があれば、穏やかな心を保ちながら、今この瞬間に集中できるというわけだ。

つまり、**家庭生活で大切なのは「長生きすること」と「ごく近い将来に死ぬこと」の、ふたつの考えのバランスを保つことだ**。この異なるふたつの考えを同時に持っていると、人とのつきあいかたによりよい変化が生まれる。精神のバランスを保ち、いちばん近しい人とよりよい関係を築けるようになるだろう。

あなたの価値観は、あなたの行動を見ればわかる。とりわけプレッシャーを感じていたり、何かの衝動に駆られているときに、それはわかりやすくなる。

疲れているとき、いらいらしているとき、ストレスを感じているとき、恐れているとき、運に見放された日々を送っているときには、まったく思いもよらない言動をすることがある。そういうときは、自分でも気づかなかった価値観や信念が表に出てくるのだ。

結婚したとき、わたしが選んだ価値観は「無条件の愛」だった。以来二十年にわたって、妻と四人の子どもたちをこの原則から切り離して考えたことは一度もない。家族についてわたしがどんな価値観を持っているかを、家族の誰かに尋ねてみてほしい。どんなことがあろうと、わたしはつねに無条件に彼らを愛していると言うだろう。

さらにわたしは、正直で頼りがいがあり、尊敬を集め、忍耐力のある人物であろうとしている。もちろん今も完全な人間だとはいえない。しかし、家族に対してこうあろうと決めた原則は、わたしのこれまでの人生のなかで、いちばん重要な選択のひとつである。

あなたにとっていちばん大切な価値観を選ぼう。その価値観を表現するために行動しよう。その行動で、相手をどれだけ大切に思っているかを説明しよう。たとえ相手にあなたの価値観を話さなくとも、あなたの選んだ価値が相手に伝わるようなつきあいかたをすると決意しよう。

近しい人たちとつきあうときには、つねにこの価値観に従って行動しよう。自然に、しかも無意識に実行できるようになるまで選んだ価値を実践しよう。これこそ、あなたの人生でいちばん大切なフォーカル・ポイントになるのではないだろうか。

プライベートな生活のビジョンを明確にせよ

この先五年間を予測して、自分の価値感をはっきりと決めたら、プライベートでの理想とするビジョンを詳しく描いておこう。

五年後、あらゆる面であなたのプライベートが完璧になっているとすると、それはどんな生活だろうか？

周囲の人とどんなふうにつきあっているだろうか？

あなたは毎日何をして過ごしているだろうか？　あなたと親しい人たちは、どんな生活を送っているだろうか？

将来、理想的な生活を手に入れるために、いくつか自分に質問してみよう。

Question

「完璧なライフスタイルとはどんな生活だろう？」

「家族のためにどんな生活環境を手に入れたいだろう？」

「家庭生活でどんな経験をしたいだろう？」

「何も障害がなければ、新たに何をやりたいだろう？」

「家族のために何を手に入れたいだろう？」

「週末や長期休暇で、どのくらいの時間、家族や友人と過ごしたいだろう？」

「家族や近しい人たちとどんな人間関係でありたいだろう？」

「子どもたちにどんな教育を受けさせたいだろう？」

「お金が充分あるなら、家庭生活にどんな変化が起こるだろう？」

「もし何でも成功できるなら、家族のために取り組みたいことは何だろう？」


あなたと家族の行動をお互いに方向づける声明書（ミッション・ステートメント）をつくろう。何も難しいことを書く必要はない。家族全員のための簡単なゴールを書けばいい。たとえば、「わが家のミッションは、ひとりひとりが尊敬しあって、自由に個人の可能性を高められる愛のある環境をつくること」というように。

声明書は長くても短くても、簡単でも複雑でもかまわない。大切なのは、家族全員で話しあって共有することだ。

あなたには、みんなの前で定期的に声明書を読み、内容を確認する責任がある。そして、あなたが手本となり、自らこの声明書の内容を実践しなければならない。

家庭生活のフォーカル・ポイントをひとつ選ぼう。それは、他人の話に耳を傾けること、励ますこと、無条件で愛することの実践かもしれない。あなたのミッションを実行する意思を見せるために、繰り返し実践できる活動をひとつ選んでほしい。

プライベートな生活のゴールを定めよ

家庭生活で心から達成したいと思うゴールを具体的に決めておこう。これはフォーカル・ポイントの大切な部分だ。

望みが明確であるほど、すみやかに実生活でそれを実現できる。**幸せな人は、自分がなりたいもの、手に入れたいもの、やりたいことが何なのかを考えることに、充分な時間をかける。その結果、誰の生活よりもおもしろくてわくわくする楽しい日々を送れるのだ。**

ところが、不幸せな人は自分のゴールとそこを目指す理由についてはっきりとした考えを持たず、毎日を無意味に過ごしているだけである。家庭内や家族以外の人間関係のために有形無形のゴールを定めよう。

有形のゴールと言えば、家や車・自転車・ボート・衣類などを手に入れることだろうか。自分や愛する人のために手に入れたい有形のゴールをどれにするか、じっくり考えよう。

無形のゴールには、家族や友人と過ごす時間や休暇・散歩・生活の質・健康・自宅のセキュリティ・ひとりひとりの幸せなどがあげられるだろう。無形のゴールは、感覚や感情に訴える部分が大きく、有形のゴールよりずっと大切である。先送りせず、今すぐ行動を起こそう。

さまざまなゴールにどのくらい近づいているかを判断する達成基準値も必要だ。基準がなければ、ゴールまでの道のりを管理することも、能率をあげることもできない。

具体的な基準のあるゴールでなければ、最終的にゴールに到達するのは難しい。要所となるポイントを決めておくと、あなたはすばらしい人生を送ることができる。

さらに実践

有形のゴールを決める質問

Question

自分自身につぎのような質問をしてみよう。


「今の自宅の広さや間取りに満足しているだろうか？」

「どこか変えたいところ、直したいところはないだろうか？」

「家計の現状にどのくらい満足しているだろう？」

「これから数カ月先、数年先にどこを見直したいだろう？」

「生命保険は充分な額のものに加入しているだろうか？」

「契約変更が必要な保険はないだろうか？」

「子どもの教育費はどれくらい準備しているだろう？」

「充分に蓄えるために、今日から始めるとよいことはあるだろうか？」

「さまざまな生活用具・車・家具・衣類・電化製品に満足しているだろうか？」
「買い換えたり、買い足したいものはないだろうか？」

これらひとつひとつのなかから、あなたが本当に欲しいものを決めよう。それをゴールにして計画を立て、計画に沿って努力しよう。それぞれのゴールに基準値をもうけよう。自分がどれくらいその基準や目安に近づいているか、定期的にチェックしよう。

さらに実践

無形のゴールを決める質問

すべての人間関係にとって、時間は大切な成功要因である。**周囲の人との人間関係は、あなたがその関係に投資する時間の長さと深く関わっている**と言える。その人と過ごす時間の長さが、その人があなたにとってどのくらい大切な存在なのかを示すからだ。

人間関係のように目に見えない無形のゴールが、有形のゴールよりも重要であることを覚えておこう。では、次の質問に答えてほしい。

Question

「パートナー（子ども、家族、友人）とどのくらいの時間を過ごしているだろう？」
「理想的にはどのくらいの時間を過ごしたいだろうか？」

「一週間のうち、家族や友人と外出するのは何日だろう？」

「一年のうち、パートナーと外出する週末は何回だろう？」

「一年のうち、家族と過ごす休暇は何日だろう？」


「どのくらいの頻度で家族全員で食事するだろう？」

「毎日、一日の始まりを家族とどう過ごしているだろう？」

「プライベートな人間関係で、これから手に入れたいものは何だろう？」

「今の家庭生活は理想とどこがどう違うだろう？」


どの場合も、それぞれの状況の変化をはかる基準値を考えておこう。あなたは、どんな変化を起こしたいだろう？　変化が起こったことは、どうしたらわかるだろう？

人間関係の型にはまるな

家族や友人との関係をよりよくするには、どんなことをするといいだろう？

数年前、妻のバーバラとわたしはスキーを始めることにした。それは、わたしたち家族が意義のある経験を共有し、前向きに休暇を過ごすすばらしい決断となった。

その後の何年間かは、家族で毎年スキーウェアや用具を買いにいった。家族全員がスキーを習い、子どもたちはスノーボードもうまくなった。休暇でスキー場に行くと、初対面の人に出会い、さらにその人たちが連れてきた友人にも会う。

そうやって過ごした時間のおかげで、慌ただしい日々の生活や学校や職場では味わえないおしゃべりや、一緒に過ごすゆったりした時間を楽しめた。

家庭生活はもちろんのこと、生活のどんな場面でも「わだち」にはまってしまうのはよくあることだ。毎年いつもと同じことをやって自己満足しているのでは、生活に変化が生まれず、いつまでも窮屈な「わだち」にはまったままでいなければならない。**「わだち」から脱出するために、面倒でも新しいことを試してみよう。**いつもと違う場所に行ってみよう。新しい活動に取りかかろう。

人間関係の質を高める習慣を身につけよう

人間関係の質を高めるのに役立つ習慣や行動はないだろうか？　よく考えて見つけてほ

しい。

たぶん、あなたはもっと聞き上手、質問上手にならなければいけないだろう。たぶん、もっと辛抱強くなり、家族や友人がやっていることに、もっと心から関心を持ったほうがいいのではないだろうか。

たぶん、ときには家族で何かをするために仕事を休むことも必要だ。

具体的行動計画を立てよ

プライベートでの人間関係をよりよくするために、毎日やることを具体的に選んでおこう。そして、ときどき少しだけ変えてみると、さらに大きな効果が生まれる。

あなたが家族のためにできることのなかには、簡単に実践できるものもあるはずだ。さほど手間をかけずに愛する人の役に立てるなら、その人がどれほど大切かを示す最高の方法だ。

家族のひとりひとりが、あなたにとって世界でいちばん大切な人であると示すことは、彼らの自尊心を養うすばらしい方法である。毎日家族に自分がどれだけ愛しているかを口に出して言うだけでも、よい効果が生まれる。

人間関係をよりよくするための活動をひとつ選び、それを毎日実践してほしい。さらに、その活動を繰り返し実践して、あなたの習慣にしてしまおう。

いい関係を築き、維持するために

すばらしい家庭生活を送るために役立つ考えかたをいくつかご紹介しよう。

人生で本当に大切なことを忘れない

あなたの愛する人が必要としていることを、人生の最優先課題にしよう。仕事や家庭外の活動で犠牲をはらうことになっても、身近で大切な人との関係を最優先しよう。

職場にいるときは、仕事に集中する

職場で時間を無駄に過ごすと、家に仕事を持って帰ることになり、けっきょくは家族との時間が奪われることになる。

人生には、二種類の時間があることを覚えておく

ひとつは仕事の時間である。成果と生産性が基準になる。

もうひとつはプライベートな時間である。愛情と心の安らぎが基準になる。

つまり、職場での時間の質はお金に換算でき、自宅での時間の質は、あなたの人生や心の健康に大きな影響を与える。

家庭内でよい人間関係を築き、それを保つためには、長い時間が必要である。愛情や信頼を慌てて築こうとしてもどうにもならない。大切な人との関係に投資する時間が長いほど、あなたはすばらしい人生を送ることができる。

愛する人と気持ちを通わせて時間を過ごす

たとえ家にいても、テレビを観たり、新聞を読んだり、コンピューターに向かったりしていては、愛する人と時間を過ごしたことにはならない。同じ場所で時間を過ごすだけではいけない。相手と気持ちを通わせて一緒の時間を過ごそう。

愛する人とまとまった時間を過ごすよう意識する

三十分、一時間、一時間半とまとまった時間をつくり、一対一で相手の顔を見ながら過ごす時間をつくることが大切である。

家族と買いものや散歩に行こう。妻や夫と一緒に、遠くのレストランやリゾートまでドライブしよう。ドライブ中はカーステレオをつけないほうがいい。音楽の流れていない静かな車内では、どれほど有意義な会話ができることだろうか。

休暇は前もって計画を立てる

休暇のための費用は、あらかじめ全額払いこんでしまおう。払い戻しできないほうがいい。一度予定を立てたら、何が起ころうと休暇を取るよう自分を追い込もう。

愛する人と一緒に過ごした休暇は、人生でいちばん幸福で大切な思い出になるだろう。あなたは、できるだけ多く幸せな経験や思い出づくりをするチャンスを手に入れるために仕事をするのである。

諦めることを決める

愛する人と過ごす時間を増やすために、他のことに使う時間を減らさなければならない。どんなことでも実際に取り組む前に、「これをやり遂げるために、わたしは何を諦めなくてはならないだろう？」と自分に質問しよう。

あなたが取り組みたいことがふたつあれば、どちらがあなたにとって価値のある活動なのかを考えてほしい。こうしていい時間の過ごしかたを選ぶ力が、あなたの人生をすばらしいものにする。

プライベートの行動コミットメントを明らかにせよ

ここまでのアドバイスを参考に、具体的な行動コミットメントを決めてほしい。すばらしい人間関係を築くために、今すぐ行動を起こすのだ。自分で決めたいちばん重要な人間関係のゴールに近づくため、毎日何か行動しよう。

プライベートで有意義な時間を過ごし、それを維持することに力を注ごう。すると、あなたが仕事に費やす時間も有意義なものになるだろう。

あなたはもっと幸せになり、もっと健康になり、もっと休息し、もっとリラックスでき、もっと生産的になる。家庭では今までよりも大きな幸せや満足を感じ、仕事でも今までよりずっと有能な人になれるだろう。

パートナーに問うべき四つの質問

愛するパートナーの隣に座って、つぎの四つの質問をしてみよう。予想していなかった意外な回答が返ってくるかもしれない。心の準備をして質問しよう。

Question

「わたしが今やっていることで、もっとやってほしいことは?」

「わたしが今やっていることで、減らしてほしいことは?」

「わたしが今やっていないことで、すぐにでも始めてほしいことは?」

「わたしが今やっていることで、もうやめてほしいことは?」


さあ、この質問にどんな答えが返ってきただろう?

もしかすると、びっくりするような答えが返ってきたのではないだろうか?

たとえどんな答えが返ってきても、言い争ったり、批判したくなる誘惑にうち勝ってほしい。何も言わず、注意深く相手の話に耳を傾けよう。そして、相手の答えをよく理解するために、具体例をあげてもらうといい。

話をしてくれたこと、意見を言ってくれたことに感謝の気持ちを伝え、受け取った答えを頭のなかでじっくり検討しよう。

あらゆる人から広く話を聞いたり、意見を言ってもらったりすることで、いい人間関係が生まれる。これを忘れずに心に刻んでおいてほしい。

他人の話に耳を傾ける癖をつけておけば、よい人間関係を保つのは難しいことではない。

第**8**章

経済的に自立せよ

Achieve financial independence

思考とは、あらゆる富や成功、
手に入れたもの、偉大な発見と発明、
そして達成したすべてのものの源である。

——クロード・M・ブリストル（作家）

わたしのセミナーに参加したある人が、こんなことを言っていた。
「お金は食べものみたいなものです。充分にあるときは、まったく気にとめない。ところが、それがないとなると、そのことしか考えられなくなる」
聖書の言葉を誤って解釈して「金はすべての悪の根源である」と言う人もいる。だが、聖書は正しくはこう言っているのだ。
「金を愛することは、すべての悪の根源である」

あなた自身とあなたの人生に関わる人たちに対して、最初に果たすべき責任のひとつは、経済的に自立し、お金の心配をする必要がない生活を築くことである。

経済的に成功する人は、つねに自分の前方に続く遠い未来を見つめている。そして、十年、二十年、ときには四十年先を考えて計画を立て、長期ゴールに矛盾しない行動をするために、日々の活動スケジュールを組み立てる。

これこそ経済的自立の本来の姿ではないだろうか？

人々が経済的自立に到達できないのは、経済的自立が優先的なゴールではないからだ。経済的自立は折りに触れて思い出すたくさんのゴールのひとつにすぎないのである。そのため、新たに何かに取り組む余裕ができたとき、他のゴールを優先してしまう。

アメリカ富裕層研究の第一人者トマス・J・スタンリーは『となりの億万長者』（早川書房刊）のなかで、数千にもおよぶインタビューを引用している。

それによると、インタビューを担当した調査員たちは、自分の力だけで億万長者になった人たちは、日頃から経済的自立を強く意識していたことに気づいたそうだ。彼らは、日々貯蓄と倹約に励む。そして、より多く稼ぐにはどうしたらいいか、貯蓄したものを投資し運用するにはどうしたらいいかと考えている。

だからといって、彼らが家族をないがしろにしているわけではない。実際、一代で億万長者になった人のほとんどは、価値のヒエラルキーの最上段に家族をおいている。貯蓄や投資、慎重に選んだ支出、倹約は、億万長者の経済生活の中心にある原則にすぎず、本当に大切なものは他にあるのだ。

たぶん、あなたが宝くじに当たることはないだろう。遠縁の誰かが亡くなって多額の遺産を遺してくれることもない。金脈を発見するとか、株で大もうけすることもない。

となると、**あなたが経済的自立を達成する唯一の方法は倹約を実践し、定期的に投資することだ**。そうすれば、いつか二度とお金の心配をしなくてすむだけの資産を持てる。

お金に対する価値観を明確にせよ

お金に対するあなたの考えかたが、経済活動をするときの好みや、決断と行動、感情や反応を左右する。経済的な価値観が、お金に関わるあなたのすべての行動を決定する重要な要素になるのだ。

Question

「あなたはお金についてどんな価値観を持っているだろう?」
「あなたにとってお金とは何だろう?」
「経済的に成功した人についてどう思うだろうか?」
「富や豊かさをどう受けとめているだろう?」

多くの人にとってお金は自由のシンボルであり、全人類のもっとも高い価値観のひとつである。つまり、お金とは何の不安もなく、自分が望むものになったり欲しいものを手に入れたり、必要なものを買ったりする力を意味しているのだ。

肝心な点をお伝えしておきたい。**もしあなたがお金に対して否定的な価値観を持ってい**

たら、その価値観が一生あなたを悩ますことになるだろう。

たとえば、お金を持つことは悪だとか、経済的に成功した人は邪悪で不正直だと思っていると、どんなに一生懸命働いたとしても、自分のまわりに経済的な成功を遠ざけるようなマイナスのエネルギーに満ちた磁場をつくってしまう。

まず、あなたのこれからの人生では経済的に成功した人たちを褒め称え、尊重し、尊敬してほしい。そうすれば、あなたがもっとも称賛し尊敬するものに少しずつ近づいていくからだ。そして、いつかあなたも経済的な成功者になれるだろう。

将来のお金に対する明確なビジョンを持て

自分の経済面の将来について、どんなビジョンを持っているだろう?

五年先、十年先、二十年先の未来を想定しよう。そのとき、あなたの生活の財政面がどこから見ても完璧になっていると想像してほしい。

Question

「あなたは引退したときに、どのくらいの資産が欲しいだろう?」

「そのとき、どんなライフスタイルにしたいだろう?」

「そのためには、どのくらい貯蓄や投資をしなければならないだろう？」

とても大切な質問なのに、ほとんどの人が、なぜかこれを自問自答しようとしない。作家のバーバラ・デ・アンジェリスは、こんなすばらしい質問を投げかける。

Question

「もう充分だと、いつわかるのだろう？　そうなったとき、どうするだろう？」

あなたが経済的に自立するために長期にわたって発揮する能力には限界がないと想像しよう。必要な時間も手段もすべて揃っているとしよう。必要な知識も経験も自分に備わっていると考えよう。手に入れておきたい人脈も機会もすべて手中にあることにしよう。そのときはどんな生活になっているだろう？

Question

「一〇〇〇万ドルの資産を手にしたなら、あなたはそのお金で何をするだろう？　人生をどう変えるだろう？」

自分の人生で実現させたい夢を集めて、夢のリストをつくってみよう。そして、自分の将来の経済状態を具体的に想定しておくと、より早く夢を実現させるために必要なものがわかるようになる。

経済的ゴールの実現のために

あなたの財政面のゴールは何だろう？
あなたの財政面のゴールのなかで、いちばん大切なものはどれだろう？
あなたはつぎの四つの経済的ゴールを持つべきである。

- できるだけ多く稼ぐ。
- できるだけ支出を減らす。
- できるだけ多く貯蓄や投資に回す。
- 予期せぬできごとに備えて自分を守る。

この四つのゴールのそれぞれに到達するには、あなた自身が自分の生活をコントロールしなければならない。つまり、経済的ゴールの実現のために何かを決断したり計画したりすることが必要なのだ。

あなたは経済的ゴールの達成のためにやるべきことを、どれくらい手際よくやっているだろう？

それを判断するためには、**まず現時点での自分の純資産を計算しよう。**すべての資産を市場価格に換算して合計し、そこからすべての借金や負債を引く。売却して換金しなければならない資産は、現時点での資産価値を算出しよう。

Question

「現在、毎月いくら貯蓄し、いくら投資に回しているだろう？」

「収入のうち何パーセントを貯蓄や投資に使っているだろう？」

「月々の生活費はいくらだろう？」

「年間の生活費はいくらだろう？」

「これまで一年で蓄えた金額の平均はいくらだろう？」

経済的な自立をはかる基準値を決めよう。**快適に暮らすために毎月毎年どれだけのお金が必要かを決め、現在の貯蓄で現在のライフスタイルをどれだけ長く続けられるかを試算してみよう。**つまりこれは、今まで蓄えてきた資産で、このあとどれだけ同レベルの生活ができるかという計算だ。

あなたの経済生活について、はっきりした経済的ゴールを決めてほしい。生活のあらゆる支出をよく調べ、毎月の生活費を減らす方法を見つけよう。**この先九十日以上、一〇パーセントから二〇パーセントの支出を削減することをゴールにしよう。**現在の収入がどれほど多くても、つねに日々の生活のなかでコスト管理とコスト削減を心がけよう。

経済的な自立を実現するには、さらに以下のような質問を投げかけてみるとよいだろう。

Question

「今年はいくら稼ぎたいだろう？」

「来年はいくら稼ぎたいだろう？」

「今から五年後には、いくら稼いでいたいだろう？」

「その希望金額を稼ぐための計画はあるだろうか？」

「退職したとき、どのくらいの資産を持っていたいだろう？」

「毎年どのくらい貯蓄や投資が必要だろう？」

「その金額を手にするための計画はあるだろうか？」

経済的自立のための知識とスキルを磨け

金銭的なゴールに到達するために、どんな知識や運用スキルが必要だろうか？ **一代で富を築いた人は、一カ月に二十時間から三十時間をお金や経済活動について勉強したり、自分の財務状況をじっくり見直すことに費やしている。**

ところが、一般的な人が自分の経済面の将来について考えることに費やす時間は、一代でお金持ちになった人の十分の一ほどにすぎない。

ふつうの人が考えることといったら、もっぱら支払いや小切手の精算の心配をすることばかりだ。人はいつも自分が考えていることに近づいていく。資産管理にもっと長い時間をかければ、ますます経済的自立に近づいていけるはずだ。

経済的自立のためにまず知っておかなければいけないのは、以下の三点である。

Question

・今いくら稼いでいるか？
・毎月どれだけの支出があるか？

・どれだけの資産があるか？

金銭面をしっかり管理するためには、お金を払う前にそれぞれの支出をじっくり調べて検討することから始めなければならない。支出を詳細に記録し、定期的に分析しよう。そして、毎日の支出にもっと注意を払うと、無駄遣いはもっと減るだろう。

さらに実践

「パーキンソンの法則」を破る

「人は誰でも収入が増えると、それに伴って支出も増える」。これが「パーキンソンの法則」だ。つまり、稼げば稼ぐほど、ますますお金を使ってしまうというわけだ。収入が二倍、三倍になっても、けっきょく支出も二倍、三倍になり、あとには何も残らない。

経済的成功をおさめるには「パーキンソンの法則」を破ることから始めよう。そう、**収入が増えても支出を増やさないようにすれば、経済的成功が見込める**のだ。

収入のあるうちにこれを実践しておけば、ほぼ間違いなくお金持ちになれる方法を紹介しておこう。それは**給料や報酬が増額になるたびに、増額分の五〇パーセントを貯蓄か投資に回す**ことだ。

残りの五〇パーセントは、生活の質を高めるために使えばよい。ともかく、収入の増加分の半額を資産形成に回すことを、今すぐ決意しよう。これを実行するだけで、たぶんあなたが思っているよりも何年か早く経済的に自立できるだろう。

経済的成功のために「収入より少ない支出を目指せ」というシンプルな方式を実践しよう。収入より少ない金額しか使わずに、その差額は貯蓄か投資に回そう。この方式を実行すれば、あなたもお金持ちになれる。

さらに実践

お金のスキルは学習できる

経済的に自立するために身につけなければならない具体的スキルを見きわめよう。まず必要な技術は、お金と財務についての確かな知識である。これらについて書かれた本や雑誌を読み、資金運用をテーマにしたセミナーに参加しよう。

経済的に成功した人のアドバイスを求めよう。収入を得て、得たものを蓄えて維持していく方法について、できるだけ多くのことを学んでおこう。

お金が貯まる習慣を身につけよ

言うまでもなく、この世には経済的成功につながる習慣や行動が存在する。

いちばん大切なのは**「まずは自分自身に還元する」**という習慣だ。ジョージ・S・クレイソンが名著『バビロンの大富豪』（キングベアー出版刊）で書いているように、「稼いだものは、すべてその一部を自分のものとして取っておく」習慣を身につけよう。

収入のなかから、まず自分のためにお金を使うようにしよう。そのうえで**一生を通じて収入の一〇パーセントから二〇パーセントを貯蓄する**のがゴールだ。

もし収入の一〇パーセントも貯蓄する余裕がなければ、一パーセント分を貯めることから始めよう。借金を完済する前であっても、貯蓄と投資を始めておこう。

まずは貯蓄を始めて、それから持っている資金で負債を完済しよう。今すぐ貯蓄の習慣を身につけることがとても大切なのだ。

毎回の給料の総額から決まった割合を貯蓄する習慣を身につければ、やがて自分自身とお金に対する姿勢を大きく変えることになるだろう。すぐに収入のうちの決まった割合の金額で生活しながら、快適に暮らせるようになるはずだ。

経済的に自立するため、あなたは何よりも倹約の習慣を身につけることが重要である。どの支出も実際にお金を使う前に、本当に必要なのかをじっくり考えよう。

高額の買いものをしたくなったら、一日（あるいは一週間、一カ月）買うのを先延ばししてみよう。そのあいだにその品物を本当に買うべきなのかをじっくり検討して、本当に必要だと判断したときに買いにいけばいい。大きな買いものを先延ばしすると、実は買う必要がなかったとわかることは少なくない。

さらに何よりも役に立つ習慣は、**節約や投資の楽しみを学ぶ**ことだ。たいていの人は節約というと犠牲が伴って辛いとか、制限があっていつも物足りない感じがすると考える。だから、節約をしない人が多いともいえる。しかし、この考えかたはまちがっている。

実際、経済的に成功した人は支出を控える代わりに、長い時間をかけて蓄財することに幸せを感じている。そして、定期的に貯蓄し、経済的にますます自由になれるという感覚を楽しんでいるものだ。

お金が貯まる行動に取り組め

経済的に自立するため、毎日欠かさずに取り組まなければならない行動が四つある。

(1) 買いものをする前によく検討する

できることなら、すべての買いものを先延ばしして、それが必要かどうかをよく考えてから買うことにしよう。

（2）稼ぎたい金額と貯蓄したい額の明確なゴールを決める

定期的にこのゴール額と現実の貯蓄残高を比べよう。

（3）毎月の支出を減らし、その分を貯蓄する方法を探す

不要な支出はすべてカットしよう。つねに自分自身に「わたしは本当にこれが必要なのだろうか？」と質問しよう。すみやかに、できるだけ多く、毎月の生活費を減らそう。毎月の支出から一ドル節約するたびに、経済的に自由になるための口座の残高が一ドル増えるのだ。

（4）あなた自身の価値と能力を高めるため、あらゆる可能性を利用する

日々、もっと多く稼ぎ、もっと多く蓄えることに意識を向けよう。

経済的自立への行動コミットメントを決めよ

今すぐ実践できる行動を最低ひとつ選び、経済的自立に向けて一歩を踏みだそう。

まずは給料をもらうたびに、あらかじめ決まった割合の金額を預金する銀行口座を新規で開設しよう。それから、じっくり落ち着いて、あなたの人生の資金計画を立てよう。経済的成功は予言できる。一代で大金持ちになった人の多くは、資産ゼロからスタートし、この章で述べた方法をうまく使って成功している。あなたも彼らのようになりたいなら、きょうから行動を起こそう。

第9章

健康な体をつくり維持せよ

Enjoy superb health and fitness

思考は目的に注意を向け、目的は行動を起こし、
行動は習慣を形成し、習慣は人格をつくり、
人格はわたしたちの運命を決める。

——トライオン・エドワーズ（作家）

「八十歳、いや、九十歳まで生きるぞ！」とたった今決意しよう。生きているあいだこの先ずっと、自分の人生はすばらしいと思えるようにすると決めよう。

健康と長寿の面において、人類史上、現代はもっともすばらしい時代である。過去に今日ほど長生きしていい暮らしができる時代はなかった。

一九〇一年の平均寿命は、五十歳に満たなかった。ところが、二〇〇一年の平均寿命は七十七歳で、しかも毎年伸びている。今急速に人口が増えている年齢層は八十代、九十代、ときに百歳を超える世代だ。あなたも同じように長生きすることをゴールにしよう。

あなたの将来のゴールや長期的なビジョンは、現在の判断や行動に大きな影響を与える。わたしは、ときどき自分のセミナーの参加者に「このなかに自分が何歳まで生きるつもりか決めているかたはいらっしゃいますか？」と質問することがある。

ほとんどの人がこの質問に度肝を抜かれる。ふつう、わたしたちは「自分には寿命がある」とわざわざ考えたりしない。そのため、長い人生について考えることも先送りにしがちだ。だからこの寿命についての質問をすると、たいがい困った顔やつまらなさそうな顔をするなど複雑な反応が返ってくる。

だが、もし八十歳まで生きたいと思っているなら、その時点であなたにはフォーカル・ポイントがある。**あなたの生活のすみずみまで調べて、今の暮らしかたで八十歳まで長生**

きできるかどうかを判断しよう。

今すぐ実行できるいちばん賢い方法は、長生きと健康の妨げになるものを一切やめてしまうことである。体によくないことはやめて、体によいことを新たに始めるなら、ごく短い時間で、健康状態に変化があるだろう。

これまでと同様、あなたの健康生活を変える方法には四つあることを覚えておこう。

- 健康にいいことを増やす
- 健康によくないことを減らす
- 健康にいいことを新たに始める
- 健康によくないことを完全にやめる

あなたは、自分の行動を選ぶ自由がある。しかし、そこには責任も伴う。現在のあなたの健康状態は、ほとんどが日頃のあなたの暮らしぶりの反映なのだ。

あなたの健康と体力の価値観を決めよ

Question

「体力と健康にはどんな価値があるだろう？」
「あなたにとって体の健康はどれくらい大切だろう？」
「あなたの価値のヒエラルキーで、健康はどのくらいの位置にあるだろう？」
「肉体的健康についてどう思う？　そんなふうに考える頻度は？」

あなたは、いつもあなたが考えているものになる。体力があって健康な人は、いつも体力と健康のことを考えている。そして必ず長生きして幸せな人生を送れるように、あらかじめ自分たちが決めた行動や活動で人生を組み立てている。

ほとんどの人が健康を害するまで、自分が健康なのはあたりまえだと思っている。病気になったりケガをするまで、まったく健康について考えないものだ。

まずは、健康に関連して、あなたの価値観をはっきりさせることから始めよう。三つから五つの価値を選び、あなたなりの優先順位をつけて並べてみよう。

健康と体力のビジョンとゴールを決めよ

あなたは健康についてどんな長期ビジョンを持っているだろう？　五年先、十年先を想定して、そのときどこから見てもあなたの健康が完璧だとすれば、それはどんな健康状態だろう？　あなたはその健康に何を感じるだろう？

健康と体力、幸福感を理想的レベルに保つには、具体的なゴールをもうけることが必要だ。まずは現時点での自分を徹底的に分析しよう。すっかり自分をさらけ出して、進歩を観察するための基準をもうけよう。まずは、つぎの質問を自分に投げかけてみよう。

Question

「体重は何キロ？」

「睡眠時間は何時間？」

「ウエストのサイズは何センチ？」

「週に何回運動する？」

「週に何時間運動する？」

「どのくらい食べる？」

「食事の栄養バランスは？」
「一日あたり、一週間あたりに飲むアルコール量は？」
「夜は何時に就寝する？　朝は何時に起床する？」
「自分の健康度は、十段階でどのくらいの評価？」

これらのどの基準も、健康と体力をすばらしいレベルに到達させるというゴールのフォーカル・ポイントにできる。

わたし自身は、ウエストサイズをフォーカル・ポイントとしている。食事療法、エクササイズ、睡眠、体力全般についてのわたしの現状は、いつでもウエストサイズで簡単に評価することができる。

これがわたし個人のフォーカル・ポイントである。健康のための新たな試みは、この基準に照らせば、成功しているかどうかがすぐにわかる。

さて、健康と体力についてのあなたのフォーカル・ポイントは何だろう？

健康を保つための知識とスキルを身につけよ

健康の増進、維持のために必要な知識とスキルとは何だろう。健康についてほとんどの人が新たに何かを学ぼうとしないのは、必要なことはすでにすべて知っていると思いこんでいるせいである。だが、そんな態度では新たな成果は見込めない。

あなたの健康についての知識のかなりの部分が、不正確でいいかげんだと思ってみよう。何も知らない子どもや、これから何かを学ぶ学生のつもりになってほしい。そして、あらゆる情報に広く目を向けよう。**実際、この分野は日々研究が進んでいるのだ。**

例をあげよう。わたしのセミナーのある卒業生から、最近一通の手紙をもらった。彼は転職し、スキルを磨いて収入を三倍にして、十年とかからずに億万長者になった。ところが、十キロ近く増えてしまった体重を落とせずにいた。

そんなある日、彼がわたしのオーディオブックを聴いていると、小麦粉と砂糖、塩を食事から抜く重要性を説くわたしの声が耳にはいってきたそうだ。彼はそれまでそんなことを考えたことすらなかったので、さっそく試してみた。

すると彼は、なんと五カ月足らずで十キロ近く減量することに成功した。彼の手紙によると、体重が減ったおかげで人生が一八〇度変わったそうだ。体調がよくなり、以前より活力がわいて、夜もよく眠れるようになった。顔色がよくなり、仕事ではますます成果をあげ、人間関係にも以前より自信を持てるようになった。たったひとつの情報のおかげで、十年ものあいだ半ば諦めて放置していた健康上のゴールを達成したことに、彼は驚き、喜んでいた。

贅肉のない健康体で元気に長生きをするための方法を書いた書籍や記事から学ぶといいだろう。健康体を得るためにスポーツクラブに入会して、フィットネス・プログラムを始めるのもいい。

ヨガ教室に参加してはどうだろう。ストレッチを学んで、全身の健康を高めよう。エアロビクスに通ったり、その他定期的に運動をするのもいいだろう。新しいスポーツに挑戦したり、ジョギングや水泳を始めてみよう。地元の病院や学校で、栄養学や料理の教室に参加するのもいいだろう。

どの取り組みにも、健康体を保つためのすばらしいノウハウが隠されている。さあ、長寿についてのよき知恵を学び続ける一生徒になろう。

すぐれた健康体になるための七つの秘訣

【第1の秘訣】 適正な体重を保つ

医師に相談すれば、あなたの理想体重をアドバイスしてくれるだろう。また、身長と体重の対照表から、平均的な理想の数値を出すこともできる。

肥満が病気を引き起こすケースも少なくないのだが、ある調査では五千万人以上のアメリカ人が肥満体に分類されている。つまり、全人口の二〇パーセントを超える人々が理想体重をオーバーしているのだ。

体重管理のための簡単な方法、「食事を減らし、運動を増やせ」を実践しよう。

最近、ここ何年間か太りすぎだった友人に偶然会った。なんと十四キロほどやせたという彼に減量の秘訣を尋ねると、嬉しそうに微笑んで教えてくれた。

「驚くことを発見したんだ。食べなければ、体重は増えっこないと気づいたんだよ」

毎年、多くの人が減量しその体重を維持している。あなたにもできないわけがない。

理想体重をゴールにして計画を立て、毎日計画に沿って取り組もう。理想体重に到達するまでは、例外を認めてはいけない。これからの人生は、理想体重を保つことに集中すると決意しよう。

【第2の秘訣】バランスの取れた適量の食事

研究者たちが百二十カ国以上のオリンピック選手の食事を調べたところ、彼らのすばらしいパフォーマンスを生みだす食事には三つの共通点が見られた。

〈1〉広範囲の食材を摂取し、多様な栄養を充分に取り入れている。
〈2〉魚、鶏肉、高品質の牛肉や豚肉など、低脂肪のたんぱく質を多く摂取している。
〈3〉水分を多く摂取している。毒素を排出して、体の機能を最高の状態に保つには、一日あたり三リットルから四リットル程度の水が必要である。

食事療法を成功させるのは、実はとても簡単である。果物と野菜をより多く食べて、低脂肪のたんぱく質を摂取しよう。全粒小麦のパンやふすま（小麦をひいて粉にしたときにできる皮のくず）のマフィンなど、未精白の穀類をたくさん食べよう。水分もたくさんとらねばならない。少なくとも、一時間にコップ一杯は飲もう。それから、砂糖と塩、胚芽とふすまを取り去った精白済みの小麦粉は避けよう。

【第3の秘訣】 適度な運動

毎日運動して、体中の関節を動かすのが理想だ。朝数分間のストレッチと筋肉のウォームアップだけでもかまわない。できれば一回あたり三十分から六十分、毎週三回から五回は運動しよう。

毎週三時間から五時間の運動は、体の健康のための最高のフォーカル・ポイントである。ゴールの数値に確実に到達できるよう、毎日の運動時間をきちんと記録しておこう。

ウォーキングや自転車、ジョギング、水泳の他、さまざまな運動器具を使って、毎週三時間から五時間の運動をこなそう。 トレッドミルやエクササイズバイクで時間あたりの運動量をつかむのもおすすめだ。

「定期的に運動する時間がとれない」と言う人は多い。しかし、定期的に運動をするほど、体に活力が生まれるという研究結果もある。また、運動するほど睡眠時間が少なくて済み、仕事中は頭が冴えわたるので生産性が高まる。定期的に運動することに時間を費やせば仕事の成果が上がり、寿命も伸びるというわけだ。

【第4の秘訣】 適当な休息とリラクゼーション

ビジネスマンのほとんどは睡眠時間が足りず、心身の充分な休息がとれていないという。わたしたちの体を最高の状態で機能させるには、七〜八時間の睡眠が必要である。ストレスを感じたり、働きすぎているときは、もっと睡眠時間が必要になる。

少なくとも、毎週一日は休みをとろう。この日は絶対に仕事に関係することをしないように心がけ、充分にリラックスしてほしい。

仕事に関係する本を読んだり、電話をかけたり、コンピューターで作業したり、会社から持ち帰った仕事をしてはいけない。そのかわりに散歩をしたり、テレビを観たり、映画を観にいったり、夕食を食べに出かけたりしよう。ともかく、少なくとも一週間に一日は、まったく仕事をしない日をもうけてほしい。

できれば一カ月に一度は、二、三日の短い休暇をとろう。この休み中は、一切仕事をしてはいけない。とにかくリラックスして、運動して、よく眠り、あなたの大切な人たちと過ごそう。

毎年一週間から三週間の休みをとろう。このあいだは何もせず、ただ体を休ませて元気を取り戻そう。しっかりと休みをとれば、職場でも家庭でももっと元気になり、アイデアがひらめいたり、頭の回転が速くなったりする。休みを多くとるほどに、もっと多くの仕事をこなせるようになるのだ。

【第5の秘訣】 適度な栄養と栄養補助食品

わたしは二十一歳のときに栄養について勉強を始めた。そのとき、現在わたしたちが食べているものには、わたしたちが最高の力を出すために必要なビタミンやミネラル、微量元素（鉄・マグネシウムなど）が充分に含有されていないことを知って驚いた。

バランスの取れた食生活を送っていれば、必要な栄養素をすべて摂取できるという人もいる。だが、専門家によると、最高の健康状態に必要な栄養素をすべてとりいれるには、毎日一キログラムほどの食べ物が必要となってしまう。

栄養補給とサプリメントについて、医者に相談してみよう。健康と栄養に関する本を読んで勉強もしてほしい。バランスの取れたビタミンとミネラルのサプリメントをとろう。体が必要としているときには、鉄やセレン、クロムなどを含んだサプリメントをとると、健康や幸福についてのあなたの考えをすっかり変えてしまうほどの効果があるだろう。

いまやあらゆるところで、最先端の研究をしている生化学者や栄養学の専門家が開発した高品質のビタミンやミネラルのサプリメントが手にはいる。自分が最高の仕事をするのに必要なサプリメントの摂取を始めよう。

【第6の秘訣】たばこをやめる

喫煙はおそらく体にもっとも悪影響を与える行為であり、三十二種類以上の病気に関係がある。鼻や喉、喉頭、肺、食道、胃のガンから、動脈硬化、心臓病、脳の機能障害、骨粗鬆症、歯肉炎、口臭や歯の欠損につながる歯茎の劣化など、広範囲にわたって病気の原因やマイナス要因になるとされている。

【第7の秘訣】アルコール消費量を減らす

アルコールを多くとりすぎると、肉体的、精神的、社会的にさまざまな問題を引き起こす。家庭問題や交通事故、肝硬変、脳障害、その他のいろいろな体の変調をもたらす。古代ギリシア人のことわざに、「何ごとも中庸に」という言葉がある。これはアルコール消費に限らず、肉体的な健康を目指すためのすばらしいアドバイスだ。

健康を維持するスケジュールを立てよ

肉体的な健康と幸福感を手に入れてそれを維持するためには、毎日どんなことに取り組めばいいだろうか。あなたがやるべきことを紙に書き、スケジュールを決めよう。重要な顧客と会う約束をするのと同じように、毎日、健康と体力のための計画を組もう。

健康のための行動コミットメントを決めよ

すばらしい健康体になるために、あなたが今日から実行する行動は何だろう？　それが何であっても、今すぐ実行すると決意しよう。健康なからだを手に入れるための勝負のはじまりだ。さあ、健康で体力に恵まれた人生設計に着手しよう。

第10章

なりえる最高の人物になれ

Become everything you are capable of becoming

ふつうの人に備わっている潜在能力は
未航海の大洋のようであり、
未踏の新大陸のようであり、
解き放たれて、
偉大なるよきものに道が拓かれるのを待つ
可能性の世界である。

――ブライアン・トレーシー

ゲーテは「もっと何かを手に入れたければ、まずはもっと自分を磨かなければならない」と書いている。つまり、**外の世界で多くのことを達成するためには、自分自身の内面を成長させることに力を注がなければならない。**

あなた自身が成長すれば、たとえ今どんな状態であっても、あなたが設定したどんなゴールにも到達できる。あなたより先に他人がどうやってそれを成し遂げたかを学び、そして、彼らがすでに切りひらいた道をたどればいいのだ。

人は潜在能力の一〇パーセントしか使わないと言われている。だが、スタンフォード大学の脳研究所の研究によると、実際はたった二パーセントしか使っていないという。いずれにせよ、わたしたちは膨大な量の潜在能力をまだ使っていない。

自然界はずいぶんと寛容ではないか。生涯ほとんど使われることのない能力や可能性を、ひとりひとりの人間にあり余るほど与えているというわけだ。

もし生まれつき持っている能力をもう数パーセント余計に使いさえすれば、あなたは二倍、三倍の効果を生みだせるだろう。これまでに成し遂げたものをはるかに凌ぐことをやってのけるだろう。また、ずっと健康で、幸せで、もっと裕福になれるだろう。

心理学者のエイブラハム・マズローは、人類の物語とは「自己評価の低い人々の物語」だと述べている。ほとんどの人が、真の能力よりもずっと低い自己評価に甘んじて、たいていお粗末な成果で満足している。

そして、証拠があるわけでもないのに、自分たちは成功者に比べると潜在能力や能力が欠けていると思いこみ、周囲からそう見られて当然だと考えている。つまり、自らの可能性に壁をつくり、平凡な人生でがまんしているのだ。

アーノルド・シュワルツェネッガーのあの鍛え抜いた筋肉は、幸運や遺伝のおかげだという一言では片づけられないはずだ。彼はただ長い年月をかけて努力し、何千時間も投入して体を鍛えてきたのである。

オーストリアのグラーツ市で育ったやせっぽちの十代のころの彼は、ごくふつうの少年だった。ただひとつわたしたちと違うのは「彼は自分の筋肉を鍛えたが、ふつうの人は鍛えていない」、その一点につきる。

潜在能力は、ほとんどの人に大差がない。誰もが同じ構造の脳を持っている。確かに生まれつき得意なことや、天性の才能を持つ人もいる。しかし、どの人も過去に達成したどんな成果も上回ることができる能力を備えているのだ。

個人的成長の価値観を明らかにせよ

潜在能力を充分に発揮するには、大切にしている価値観に注目し、自分の能力にうまくあてはめていくといい。

もうおわかりのように、あなたの価値観はあなたの言動に表れる。周囲の人はあなたがしていることや、まわりにどう反応するかで、あなたの価値観を知るのだ。つまり、価値観はあなたの動機や言動の源なのである。

わたし自身が自分の成長についていちばん大切にしている価値観を一言で表すと、「潜在能力を出しきる」である。

誰もが自分の人生ですばらしいことを成し遂げる潜在能力を持っている。わたしはそう信じている。誰もがこれから表に出てくる偉大な能力を内に秘めているはずだ。

やりかたさえ身につければ、誰でもこれまでよりもずっと多くのことを成し遂げることができる。それが、わたしの基本的な価値観である。さて、あなたの価値観は何だろう？

成長への明確なビジョンを持て

自分の成長のために長期ビジョンをつくろう。それには五年先、十年先に自分の人生は充分な成果をあげていると仮定するといい。つまり、どこからみても理想的な人生を送っていると考えてみるのだ。

Question

「何も制約がなければ、どうやって自分を成長させるだろう？」

「その結果、どのくらいのスキルと能力を身につけるだろう？」

「その結果、どのレベルの地位や名声を得ているだろうか？」

「どんな仕事をしていて、どのレベルでその仕事をこなしているだろうか？」

「最高の結果を出したら、自分自身についてどう感じるだろうか？」

あなたの成長ゴールを決めよ

さあ、あなたなりのビジョンを決めたら、具体的なゴールにまとめよう。**数年先のあな**

た自身や仕事上の成果について「達成したい十のゴール」を紙に書きだそう。

このとき、すでに自分がこうありたいと思っている人物になったつもりで**「現在形で書く」**ことがポイントだ。手に入れたいと思っていることや、なりたいものを書き出そう。あなたが本当に優れた人物になったとき、あなたはどのような人物に見えると思うか、考えるままを書いておこう。

この十のゴールのリストをよく検討して、**もし達成できたら、あなたの生活や仕事に最高にすばらしい影響を与えるゴールをひとつ選ぶ。**そのゴールを丸く囲み、別の紙に書き写そう。

さらに、このゴールを達成するためのスケジュールを立てよう。あらかじめ決めた水準を達成する締め切りをもうけよう。その締め切りに間に合わなかったときのために、念のために二次締め切りも決めておくといい。

その分野でトップの一〇パーセントに入るために何をしなければいけないかを考えて、すべて一覧表にまとめよう。一覧表のそれぞれの項目に優先順位をつけて、実行計画を立てよう。ゴールに向けて努力を始めるのに必要な本や材料、設備、その他のさまざまな手段を集めよう。

この計画を進行させるために、少なくともひとつの項目についてすぐに行動に移そう。その分野で成功するまで、毎日、計画に沿って行動すると決意しよう。あなたがどうしてもこうありたいと決めた人物になるまで、努力を続けるのだ。

episode

ギャラ一〇〇〇万ドルを実現したジム・キャリー

俳優のジム・キャリーは、デビューしたばかりのころ、映画に出演して一〇〇〇万ドルのギャラをもらうというビジョンとゴールを立てた。そして、この金額の小切手を自分でつくり、どこへ行くときもそれをお守り代わりに持っていった。ときどき小切手を眺め、自分には一本の映画で一〇〇〇万ドル稼ぐ力があると信じて疑わなかった。

ジムは、ゴールに到達するために努力した。どんなに小さな役でもすべて引き受け、できるかぎり最高の演技をすることに心血を注いだ。話しかたや芝居のしかた、お客を楽しませる方法を身につけ、演技力を伸ばすことに執心した。また、できるだけ演技レッスンに参加し、プロの演技のありとあらゆる要素を学んで研究した。

何年間もの涙ぐましい努力のおかげで、ジムの夢はついに実現した。映画「バットマン・フォーエヴァー」で、一〇〇〇万ドルの出演料を手にしたのである。そして、四十歳を前にして、映画一本ごとに二〇〇〇万ドルを稼ぐようになった。彼は一年に一、二本の映画に出演する。世界一は言いすぎかもしれないが、今やハリウッドでもっとも成功した俳優のひとりと言っていい。

ジムのこの成功は、はっきりしたビジョンと夢を持ち、けっしてそれを見失わなかったおかげである。いちばん大切なのは、ジムが自分自身と自分の演技力を磨きつづけたことだ。だからこそ、映画一本で二〇〇〇万ドルを稼ぐ俳優になれたのだ。

知識とスキルを身につけよ

ひとつひとつのゴールに、具体的な基準をもうけよう。今取り組んでいる分野でいちばんになることがゴールなら、どうしたらそのゴールを達成したとわかるのかを決めておこう。あなたがどのくらい進歩したか、どのくらい成功したかを判断する尺度を決めるのだ。

まずはあなたの価値観と、ビジョン、ゴール、ゴールに到達するのに必要な知識とスキルを明らかにしよう。つぎに、そのひとつひとつの進歩をはかる基準値を決めよう。毎日、少しでも進歩するために何か行動を起こそう。怠けてはいけない。本を読んだり、セミナーに参加したり、オーディオブックを聴いたりして着実に前進しよう。

あなたがゴールを達成するために鍵となる質問をいくつかあげておく。自問自答してほしい。

Question

「第一人者になるには、どんな知識が必要だろうか？」

「第一人者になるために、どんな計画を立てればよいだろう？」

「仕事をうまくこなすには、何を勉強し、どんなスキルを習得すればいいだろう？」

「自分の仕事でどんな結果を出すことが大切だろうか？」

「この分野でいちばんになるためには、何をうまくやらなければならないだろう？」

「今の自分のおもな能力は何だろう？」

「この分野のトップになるには、どんな能力が必要だろう？」

「ゴール達成に重要なスキルを身につけるために、どんな計画を立てればよい？」

「今あるスキルや能力で、生活や仕事によい影響を与えるものは何だろう？」

成功者の習慣を身につけよ

自分がなりたい人物になるためには何が必要だろうか。そのために毎日実践するべき具体的な習慣や行動を選ぼう。ここで必要なのは明確な意志、計画性、思慮深さ、研究熱心さ、勤労、決断力、忍耐力といった習慣だろう。

なかでも成功するためにいちばん重要な資質は、自制心ではないだろうか。二十一世紀の思索家で作家のエルバート・ハバードは、自制心を「好むと好まざるとにかかわらず、しかるべきときにしかるべきことを自分にやらせる能力」と定義している。

『思考は現実化する』（きこ書房刊）で有名なナポレオン・ヒルは、自制心を「お金持ちになるための重要な鍵」としている。

毎日毎時間、自制心を鍛えなければならない。正しいこと、必要なこと、大切なことをするよう、自分に命令を出さなければならない。さもなければ、おもしろいことや、簡単なこと、重要ではないことをこなすだけで終わるだろう。

自制心は、いちばん重要な仕事を選んで、それをやりとおす資質だと言える。つまり、自制心はすばらしい成果をあげるすべての人に欠かせない資質なのだ。

日々成長するための七つの規律

もし、自分にできることすべてを実現したいのなら、以下の七つの規律を身につけなければならない。それらを毎日、自然に実践できるように習慣化するまで、繰り返し練習して身につけよう。

規律1　毎朝、ゴールを紙に書く

毎朝三～五分の時間をとって、上位十個のゴールを現在形で紙に書こう。一日の始まりに十個のゴールを書くと、そのゴールが潜在意識の奥深くに刻みこまれる。こうして毎日ゴールを書いていると、精神力が高まり、感覚がとぎすまされる。そして、一日中ゴールに向かってもっと早く前進するための機会や可能性を探すようになるだろう。

規律2　毎日、計画を立てる

できれば前夜のうちに数分間時間をとり、翌日のすべての活動の計画を立てよう。つねにリストに基づいて作業しよう。つねに紙に書いて考えよう。これこそ、もっとも効力があり、重要な規律のひとつである。これを実践した結果、優れた成果が生まれる。

規律3　毎日、優先順位を決める

すべてのタイム・マネジメントや、パーソナル・マネジメント、ライフ・マネジメントの基本は、正しく優先順位を設定できるかどうかという点につきる。自分にやれる仕事で、いちばん価値がある大切な仕事を選ぶには、第2章で述べたABCDEメソッドを使おう。すばらしい成果を出すためには、この習慣が欠かせない。

規律4　毎日、いちばん価値を生む行動に集中する

わき目もふらずにもっとも重要な作業に集中することが習慣化できれば、他のすべての規律を合わせたくらいの効果がある。

規律5　毎日、運動し適切な栄養をとる

何より大切なのは健康である。定期的に運動し、ほどほどに食べる習慣をつければ、一生、健康と体力をかなりの高いレベルで維持できるだろう。

規律6　毎日、学習し成長する

精神は筋肉のごとし。使わなければ、衰えるものである。どんな分野でも、成功するには継続して学び続けることが最低必要条件だ。

規律7　毎日、自分の人生で大切な人のために時間を割く

人間関係に勝る大切なものはない。成功のはしごをのぼるとき、はしごをまちがった壁に立てかけていないことを確認しよう。どんなに忙しくても、毎日、大切な人間関係のために使う時間をつくりだそう。

これらの七つの規律を守っていれば、すべてにおいて最高レベルの成果をあげて、大きな満足感を得られるだろう。

さらに実践

成長の一〇〇〇パーセント公式

シンプルで実践的な自己成長の公式がある。これを使えば、この先数年で収入を倍増できる。わたしがこの仕事を始めたばかりのころにつくりだしたもので、効果は実証済みだ。すでに多くの人に伝授してきた。

この公式を取り入れたほとんどの人が、生活ががらりと変わったと言っている。実を言うと、そんなすばらしい変化が二、三日のうちに起こることも珍しくない。

ひとつ質問しよう。あなたはこれから二十四時間で、自分の生産性や成果を〇・一パーセント増やせるだろうか？　実際のところ、**価値の高いひとつの作業に集中して取り組めば、数分のうちに〇・一パーセント生産性を高くすることは難しくない。**

もし、あなたがスキルを身につけ、明確なゴールを設定し、ゴールの優先順位を決めて、より価値のある仕事に集中するなら、生産性を一日あたり〇・一パーセント伸ばしつづけることができる。

一週間に五日働くとすれば、週末には〇・五パーセント生産性が上がり、四週間後には二パーセント上昇する。一年後には二六パーセント生産性が高まることとなる。

新しい知識やスキルが複合的に効果を発揮しはじめるのは、まさにこのときだ。あなたの仕事のある部分を改善したら、同時にあなたの仕事の他の部分の改善につながる。

一日あたり〇・一パーセント生産性を上げつづけるとき、週に五日働くと仮定すると、一年で二六パーセント上昇し、全体の生産性は二・七年で倍増する。さらに、十年では一〇〇四パーセント増に膨らむのだ。

毎日〇・一パーセント、毎週〇・五パーセント、毎月二パーセント、毎年二六パーセント進歩するための「成長の一〇〇〇パーセント公式」の七つの方法をご紹介しよう。

成長の一〇〇〇パーセント公式七つの方法

方法1　早起きして自分の専門分野の本を一時間読む

この時間帯はゴールデン・アワーだ。その日の残りの時間の調子も決めてしまう。テレビを消し、新聞は脇に寄せておこう。最初の一時間をあなたの体と心のために使うのだ。この最初の一時間が、あなたのその日の方向性を決める。

方法2　毎朝、おもなゴールを書く

朝数分間の時間を割き、もう達成しているかのように現在形でゴールを書こう。こうすると一日中、あなたの潜在意識がゴールを達成する機会を探すようになる。

方法3　翌日の予定を立てる

職場を離れる前かベッドに入る前に、翌日にやらなければならないことをすべて一覧表にしよう。すると、あなたの潜在意識は、眠っているあいだもリストに意識を向けている。翌朝目覚めたとき、思っていたよりも早く効果的に一日のゴールに到達するアイデアや考えが浮かぶだろう。

方法4 つねにもっとも有効な時間の使いかたをする

いちばん大きな効果を生む仕事をひとつ選び、まずその仕事に手をつけよう。

方法5 移動中はオーディオブックを聴く

これで車や電車が動く教室になる。これはあなたの生活改善に相当の効果がある。数年後に一〇〇〇パーセントの増収が得られるかもしれない。

方法5 何かをやり終えたら、自分にふたつの質問をする

その質問とは、「自分は何をやり遂げたのだろう?」「これをやり遂げるための他の方法はあるだろうか?」である。このふたつを質問すると、あなたの身に起こるどんなことからも学習し、早く成長できる。

「集中の法則」によれば、あなたが集中して考えることは、ひとつひとつの経験を通して大きく成長する。ひとつひとつの経験を分析することで、そのつぎによ

り優れた成果を出せるよう自分自身を調整し続けることになるのだ。

何よりもすばらしいのは、仕事を正しく効果的にこなすことに集中していると、精神的に前向きになり、生産的で創造的になれることだ。どんどんやる気が起こり、新しい挑戦への意欲もわいてくる。それまでは認めていなかった新しい考えかたを取り入れることすらあるだろう。

方法7 会う人すべてが得意客であるかのように応対する

同僚に対しても、会社の大切な顧客と同じように接しよう。どの見込み客も得意客も、すでにあなたの会社の製品を一〇〇万ドル相当購入していて、今後も同じくらい買ってくれる客だと思って応対しよう。また、家庭でも、あなたにとって家族が世界でいちばん大切であるかのように接しよう。実際、そのとおりなのだから。

行動コミットメントを決めよ

いちばん大切な資源はあなた自身である。あなたという人材を磨き、もっと多くの成果を手にするために自分自身の実力を伸ばすことに毎日を費やそう。

自分で設定したゴールをすべて達成するまで自分自身を磨きつづけると決意しよう。

エピローグ

二十一世紀を生きるための「七つの知恵」

二十一世紀に成功するための「七つの知恵」をご紹介しよう。これは、わたしが三十年以上にわたって成功者たちを調査して学んできた、いちばん大切な考えかたである。

〔第1の知恵〕人生をよりよくする唯一の方法は、成長することである

あなたの人生はいつも、あなたの内面を反映したものになる。だから、外側から見える自分自身を向上させる唯一の方法は、内面を磨くことである。

あなた自身の成長に限界はない。自分を磨けば磨くほど、人生もどこまでもよりよくすることができる。

〔第2の知恵〕大切なのは、これからどんな人間になるかである

過去の経験から学ぶことは大切だが、過ぎ去ったことに気をとられてはいけない。これからの未来、そしてゴールに集中しつづけよう。意識のなかに壁をつくらなければ、あなたはかぎりなく成長しつづけられる。

〈第3の知恵〉価値ある行動は習慣化するまで、繰り返し挑戦する

何ごとも簡単にできるようになるまでは、難しいものだ。初めての挑戦では、自分の潜在能力すべてを知ることはできない。はじめはうまくいかないのは当然なのだ。新しい価値あることに挑戦し、失敗しても身につけるまで、繰り返し挑戦しつづけよう。

〈第4の知恵〉人生の選択肢は多いほどよい

個人の自由は、誰にとっても大切な価値である。自由とは、人生の選択肢によって決まる。選択肢が多いほど、より大きな自由を手に入れ、より自信を持つことができる。だから、あなたのキャリアのどの時点でも、つねに新しい選択肢を見つけていくべきである。たったひとつの可能性に、すべての成功の望みをかけてはいけないのだ。

〈第5の知恵〉あらゆる困難から、役立つ知恵を学ぶことができる

あなたが経験するすべての問題、すべての困難には、自分自身が向上するための知恵が隠されている。どんなにたいへんな逆境や失敗のなかにも、その中から前向きな知恵を見つけ出そう。どんな困難でも、得られるものを探せば必ず見つかるのだ。

〈第6の知恵〉必要なことは、必ず学ぶことができる

人は学習する存在である。他の誰かが学べたことは、あなたも学ぶことができる。あなたはどんな知識も得ることができるし、あなたのいる業界でトップに立つために必要などんな技術も身につけることができる。

〈第7の知恵〉心の中で決めた限界が、唯一のあなたの限界である

あなたのゴールの唯一の障害は、あなた自身の心のなかにある壁である。シェークスピアが言ったように、「そこには何もない。だが、考えた結果が状況をつくる」のである。

ヘンリー・フォードもこう言っている。「あることができる、またはできないと自分が思うのなら、どちらの考えも、きっと正しい」と。

自分で設定したゴールや夢に到達するために必要な才能も能力も、今、すべてあなたのなかにある。あなたが尋ねなければならない質問は、たったひとつである。

「わたしはどれほど切実にそれを欲しがっているだろうか」

本当に欲しいものがあって、それを求めつづけるのなら、必ずそれは手に入れられる。

フォーカル・ポイントを理解するための推薦図書

Caplan, Robert S., and David P. Norton, "The Balanced Score Card" Harvard Business School Press, 1996

『7つの習慣――成功には原則があった！』スティーブン・R・コヴィー（キングベアー出版）

『7つの習慣――最優先事項「人生の選択」と時間の原則』スティーブン・R・コヴィー（キングベアー出版）

De Angelis, Barbara, "How to Make Love All the Time" Dell Books, 1997

De Angelis, Barbara, "Ask Barbara: The 100 Most Asked Questions About Love, Sex, and Relationships" Dell Books, 1998

Drucker, Peter, "Essential Drucker: In One Volume, the Best of Sixty Years of Peter Drucker's Essential Writings on Management" New York, Harperbusiness, 2001

『明日を支配するもの――21世紀のマネジメント革命』P・F・ドラッカー（ダイヤモンド社）

『経営者の条件』P・F・ドラッカー（ダイヤモンド社）

『EQ――こころの知能指数』ダニエル・ゴールマン（講談社）

『サーバントリーダーシップ』ロバート・K・グリーンリーフ（英治出版）

『インテル経営の秘密――世界最強企業を創ったマネジメント哲学』アンドリュー・S・グローヴ（早川書房）

『巨富を築く13の条件』ナポレオン・ヒル（きこ書房）

Hill, Napoleon, “Napoleon Hill's Keys to Success: The17 Principles of Personal Achievement” Plume, 1997

Hubbard, Elbert, “Elbert Hubbard's Scrap Book: “Containing the Inspired and Inspiring Selections Gathered During a Life Time of Discriminating Reading for His Own Use” Firebird Press, 1999

『あなたはガルシアに手紙を届けられるか？』エルバート・ハバード（三笠書房）

『ビジネスの知恵50選――伝説的経営者が語る成功の条件』ピーター・クラス（トッパン）

Land, George, and Beth Jarman, “Break-Point and Beyond” Harperbusiness, 1992

『ピーター・リンチの株で勝つ――アマの知恵でプロを出し抜け』ピーター・リンチ

(ダイヤモンド社)
Orman, Suze, "The 9 Steps to Financial Freedom" Crown, 1997
『積極的考え方の力』ノーマン・V・ピール(ダイヤモンド社)
Qubein, Nido R., "Stairway to Success" Executive Books, 1996
『ザ・ウィナーズ』パット・ライリー(講談社)
『オプティミストはなぜ成功するか』マーティン・セリグマン(講談社)
『もっとも大切なこと』ハイラム・W・スミス(キングベアー出版)
『ウェルチ――GEを最強企業に変えた伝説のCEO』ロバート・スレーター(日経BP社)
『なぜ、この人たちは金持ちになったのか――億万長者が教える成功の秘訣』トマス・J・スタンリー(日本経済新聞社)
『となりの億万長者――成功を生む7つの法則』トマス・J・スタンリー(早川書房)
『自己を築く――心を支配する7つの法則で、これだけあなたは変わる!』ブライアン・トレーシー(きこ書房)
Tracy, Brian, "Advanced Selling Strategies" Simon & Schuster, 1993
『働きがいのある人生――仕事が絶対面白くなる100の法則』ブライアン・トレー

シー（きこ書房）
『１００万ドルの法則』ブライアン・トレーシー（きこ書房）
『カエルを食べてしまえ！』ブライアン・トレーシー（ダイヤモンド社）
『10年かかるところを2年でできる――昇給昇進のための21の心構え』ブライアン・トレーシー（きこ書房）
『シンプルパワーの経営――複雑さが経営をダメにする！』ジャック・トラウト（リック）

大切なことだけやりなさい

発行日　2016年7月15日　第1刷

Author	ブライアン・トレーシー
Supervisor	本田直之
Translator	片山奈緒美
Book Designer	黒岩二三(Formalhaut)
Publication	株式会社ディスカヴァー・トゥエンティワン 〒102-0093　東京都千代田区平河町2-16-1 平河町森タワー11F TEL 03-3237-8321(代表)　FAX 03-3237-8323 http://www.d21.co.jp
Publisher	干場弓子
Editor	松石悠
Marketing Group Staff	小田孝文　中澤泰宏　吉澤道子　井筒浩　小関勝則　千葉潤子 飯田智樹　佐藤昌幸　谷口奈緒美　山中麻吏　西川なつか 古矢薫　原大士　郭迪　松原史与志　中村郁子　蛯原昇　安永智洋 鍋田匠伴　榊原僚　佐竹祐哉　廣内悠理　伊東佑真　梅本翔太 奥田千晶　田中姫菜　橋本莉奈　川島理　倉田華　牧野類　渡辺基志 庄司知世　谷中卓
Assistant Staff	俵敬子　町田加奈子　丸山香織　小林里美　井澤徳子　藤井多穂子 藤井かおり　葛目美枝子　伊藤香　常徳すみ　イエン・サムハマ 鈴木洋子　松下史　永井明日佳　片桐麻季　板野千広　阿部純子
Operation Group Staff	松尾幸政　田中亜紀　福永友紀　杉田彰子　安達情未
Productive Group Staff	藤田浩芳　千葉正幸　原典宏　林秀樹　三谷祐一　石橋和佳 大山聡子　大竹朝子　堀部直人　井上慎平　林拓馬　塔下太朗 木下智尋　鄧佩妍　李瑋玲
Proofreader	文字工房燦光
DTP	朝日メディアインターナショナル株式会社
Printing	大日本印刷株式会社

ISBN978-4-7993-1920-8